GU TIER-ERLEBNISSE

Katrin Behrend
Felix Labhardt

DER FUCHS

Den schlauen Fuchs kennenlernen, erleben und verstehen.
Ratgeber: Füchse beobachten und fotografieren.

GU GRÄFE UND UNZER

Reineke, der Zwetschgendieb

Warum wir vom Fuchs so fasziniert sind

Ein Vorwort

Hecheln hilft gegen Schwitzen.

Ist er nicht wunderschön – unser Fuchs? Roter Pelzrock, weiße Hemdbrust, schwarze Stiefel, dazu der prachtvolle, buschige Schwanz mit der flaumigen Spitze. Elegant sind seine Bewegungen, anmutig und geschmeidig. Und wie durchtrieben er ist, das sieht man seinem Gesicht an, diesem ausgemachten Schlaumeiergesicht ...
Wir urteilen in menschlichen Kategorien, wenn wir an den Fuchs denken. Denn kein anderes Tier hat unsere Phantasie so stark beschäftigt wie Reineke. Schurke und Held, in dieser Rolle betrat er die Weltbühne, und so treibt er in unzähligen Fabeln, Märchen und Geschichten sein (Un)Wesen.
Doch was ist dran an der ihm nachgesagten Schläue und Durchtriebenheit? Was wissen wir von diesem Raubtier, das mit dem Wolf verwandt ist, aber in seinem Wesen der Katze näher steht als dem Hund? In diesem neuen Band der Reihe GU Tier-Erlebnisse lernen wir ihn kennen, den schlauen Fuchs. Dabei knüpfen wir unter anderem an die schöne alte Tradition der Tiergeschichte an und erzählen fundiertes biologisches Wissen so, daß es auch für Jugendliche und Kinder spannend und unterhaltsam ist.
Im Teil Fuchs Biologie wird alles Wissenswerte über den Fuchs berichtet, beispielsweise von seinen außergewöhnlichen Sinnesleistungen und der schnellen Kombinationsgabe, die selbst Biologen immer wieder verblüfft. In der Fuchs Geschichte sind wir dem Rotrock ein Jahr lang dicht auf der Spur. Hier können Sie miterleben, wie er sich eine Gefährtin sucht und Junge aufzieht, hier begleiten Sie die Jungfüchse bei ihren ersten Schritten in ein selbständiges Fuchsleben.
Im Teil Fuchs und Mensch wird der Bogen gespannt zwischen Reineke, dem Fabeltier, und dem Fuchs, der sich als Meister der Anpassung erwiesen hat. Im Fuchs Ratgeber schließlich finden Sie ausführliche Experten-Tips zum Beobachten und Fotografieren von Füchsen in freier Wildbahn.
Ein so scheues Tier wie den Fuchs vor die Kameralinse zu bekommen ist nicht leicht. Dank der Hartnäckigkeit und Ausdauer sind den Fotografen interessante und stimmungsvolle Aufnahmen gelungen. Zusammen mit den überzeugenden Zeichnungen von György Jankovics bietet der neue Band GU Tier-Erlebnisse somit auch eine einmalige Fuchs Bilderschau.
Lesen, schauen und staunen Sie über die außerordentlichen Fähigkeiten des Wildtiers Fuchs. Die GU Naturbuchredaktion und die Autoren wünschen Ihnen dabei viel Spaß.

GENUSSVOLLES RÄKELN

Sich recken und strecken und aus vollem Hals gähnen – erst wenn das getan ist, läßt sich wieder zu neuen Taten schreiten. Dieses Verhalten zeigt der Fuchs vor allem dann, wenn er den Bau verlassen hat und sein »Nachtwerk« beginnt.

HEIMKEHR NACH NÄCHTLICHER JAGD

Eigentlich wollte Reineke längst in sein Tagesversteck zurückgekehrt sein. Doch im Sommer kann man ihn oft noch nach Sonnenaufgang über die Wiese schnüren sehen. Das Halsband trägt er übrigens im Dienste der Wissenschaft. Daran ist ein Sender befestigt, mit dessen Hilfe der Wildbiologe beobachten kann, was der Fuchs im Schutz der Dunkelheit so alles treibt (→Seite 80).

ZÄHNE ZEIGEN – EIN VORSPIEL ZUR FUCHSHOCHZEIT

Etwa zwei Wochen muß der Fuchs um seine »Angebetete« werben, bevor sie ihn erhört. Sobald er ihr zu nahe tritt, weist sie ihn spröde ab und zeigt ihm die Zähne. Immer wieder laufen zwischen den beiden auch sogenannte Ritualkämpfe ab. Dann richten Fuchs und Füchsin sich auf den Hinterbeinen auf, stemmen sich gegenseitig die Vorderpfoten auf die Brust und stehen wie Statuen mit weit aufgerissenen Mäulern da.

VERWANDTSCHAFT AUS DEM NORDEN: DER EISFUCHS

Fast verschmilzt der Eisfuchs mit seiner Umgebung, und doch scheint er sich seiner Tarnung nicht sicher zu sein. Der nördliche Verwandte unseres Rotfuchses ist über das ganze Nordpolgebiet verbreitet und kommt in zwei Farbvarianten vor. Nach dem Aussehen der Wintertracht nennt man sie Weißfuchs und Blaufuchs. Der Weißfuchs ist bis auf ein paar schwarze Haare in der äußersten Schwanzspitze ganz weiß, während das Fell des Blaufuchses zur Winterszeit von fast schwarz und blaugrau bis kastanienbraun und hellgrau variiert.

WIE KOMMT DER FUCHS AUF DEN BAUM?

Die Erklärung ist einfach: Füchse klettern oft und gerne auf Bäume und halten hoch oben auf einem Ast ein Nickerchen, wie unser Foto zeigt. Nicht nur in diesem Verhalten weicht der Fuchs von den Echten Hunden ab und ist eher der Katze ähnlich (→ Seite 40).

LIEBEVOLL – ABER NUR EINMAL IM JAHR

Ein Fuchspaar, das in der kurzen Ranzzeit zusammengefunden hat, leckt sich gegenseitig das Gesicht oder beknabbert sich an der Wange, den Ohren, am Hals und auch an den Beinen. Dieser liebevolle Kontakt fördert die gegenseitige Vertrautheit und dient dazu, die Paarbindung zu festigen.

KINDERSTUBE IM FUCHSPELZ

Neugeborene Füchslein sind maulwurfklein und haben ein flaumiges schwarzes Fellchen. Die Augen sind noch geschlossen, die Ohren sind winzig, doch die Milchquelle finden die Kleinen sofort. Ins warme Fell der Mutter gebettet frieren sie nicht, auch wenn es noch so kalt ist.

WELPENSCHAR VOR DEM FUCHSBAU

Was bewegt sich da? Neugier und Vorsicht bestimmen das Verhalten der Fuchswelpen, solange für sie alles noch fremd auf der Welt ist. Erst wenn nichts Ungewohntes mehr ihre Aufmerksamkeit gefangen nimmt, beginnen sie zu spielen.

ÜBER-LEBENSKÜNSTLER FUCHS

Alles, was Sie schon immer über den Fuchs wissen wollten, vom Körperbau und den hochentwickelten Sinnesorganen, über die außergewöhnliche Intelligenz und Anpassungsfähigkeit bis hin zu allen Füchsen dieser Welt.

Als Nobel, der König der Tiere, zu Pfingsten seine Untertanen um sich versammelt, muß er sich bitterliche Klagen über den Fuchs anhören. Da beschließt er, den Übeltäter an den Hof zu zitieren, und entsendet den Bären mit einer Botschaft, nicht ohne diesem vorher einzuschärfen: »Doch rat ich zur Vorsicht: Denn es ist Reineke falsch und boshaft, allerlei Listen wird er gebrauchen, er wird euch schmeicheln, er wird euch belügen, hintergehen, wie er nur kann.« Nicht nur in Goethes berühmtem Versepos »Reineke Fuchs« tritt der Rotrock als verschlagener Geselle auf. Die Literatur ist reich an Märchen und Fabeln, in denen seine Schlauheit und Überlegenheit anderen Tieren gegenüber eine vorrangige Rolle spielen. Doch woher stammt dieses Bild? Liegt es am Verhalten des Fuchses, an seiner einzelgängerischen, heimlichen Lebensweise, die ihn den Blicken der Menschen entzieht, obwohl er durchaus deren Nähe aufsucht? Kommt es daher, daß Reineke sich mit der Schönheit seines prächtigen roten Pelzrocks gleichsam zur Schau stellt? Offensichtlich hat all das die Phantasie der Menschen bewegt und ihre begehrlichen Blicke auf ihn gelenkt. In diesem Buch wollen wir versuchen, dem wahren Bild des Fuchses auf die Spur zu kommen.

Fuchsliebe und Familienleben

Gegen Ende des Jahres ist es allenthalben zu hören. Das helltönende, meist dreisilbige Bellen, mit dem der Fuchsmann auf die Duftzeichen einer Fuchsfrau reagiert. Eben noch hat er jeden fremden Artgenossen, der in seiner Nähe auftauchte, vertrieben. Doch mit einem Mal ist alles anders. Jetzt treibt es ihn zum anderen Geschlecht, und er tut das kund. Lauthals und weithin hörbar.

Die Ranz – Werbung auf Füchsisch

Füchse paaren sich nur einmal im Jahr. Da der Rüde von Dezember bis Anfang März befruchtungsfähig ist, die Fähe hingegen nur zwei bis drei Tage empfängnisbereit, muß er sich ganz schön »ins Zeug legen«, um ihre Abwehr bis genau zu diesem Zeitpunkt überwunden zu haben.

Sich Finden: Damit Füchse, die normalerweise einzelgängerisch leben (→Der einsame Jäger, Seite 34), sich in der weiten Landschaft, finden, bedarf es einiger Signale und Botschaften. Die Fähe produziert Duftlockstoffe, die über den Urin und wahrscheinlich auch die Viole (→Drüsensekrete – das Parfüm des Fuchses, Seite 28) ausgesendet werden. Das passiert etwa zwei Wochen vor ihrer Empfängnisbereitschaft. Der Rüde reagiert darauf mit dem typischen Ranzbellen (→Lautsignale, die Kontakt stiften, Seite 30).

Werbung: Zuerst muß der Einzelgänger Fuchs seine Scheu

»Hier bin ich, wo bist du?« Auch der einzelgängerische Polarfuchs hat hin und wieder Kontaktbedürfnis.

vor einem fremden Artgenossen überwinden. Die Fähe gibt sich spröde und wehrt den Rüden mit gefletschten Zähnen ab. Der beschwichtigt sie, indem er ihr den Hals zuwendet. Im übrigen folgt er ihr auf Schritt und Tritt und läßt sie nicht aus den Augen.
Rivalen, die sich der Auserkorenen nähern wollen, werden bekämpft. Aber auch mit ihr kommt es hin und wieder zu kurzen Streitereien. Dabei stemmen sich Rüde und Fähe gegenseitig die Vorderpfoten auf die Brust und stehen sich auf den Hinterbeinen mit weit aufgerissenen Mäulern minutenlang gegenüber (→Ritualkämpfe, Seite 39). Im Lauf der Zeit werden sie sich vertrauter, liegen immer öfter nahe beieinander und belecken und beknabbern sich zärtlich.
Paarung: Empfängnisbereit ist die Fähe nur zwei bis drei Tage lang. Das kann im Januar und Februar sein, sich jedoch auch, je weiter nördlich die Füchse leben, bis in den März verschieben. Wenn es soweit ist, legt der Rüde der Fähe die Vorderpfote auf den Rücken, worauf diese den Schwanz beiseite biegt. Sofort reitet er auf sie auf und vollzieht die Kopulation in wenigen Sekunden. Danach hängen die Tiere wie alle Hundeartigen etwa 30 Minuten aneinander, bedingt durch eine Schwellung des Penis innerhalb der Vagina.
Es folgen noch mehrere Begattungen; das erhöht den Erfolg der Befruchtung. Mitunter paart sich der Rüde noch mit anderen Fähen beziehungsweise die Fähe mit fremden Rüden; auf diese Weise kann es zu einem Wurf mit Welpen von verschiedenen Vätern kommen.

Noch weist die Fähe (links) den Rüden ab. Dieser beschwichtigt sie mit Halsdarbieten.

In Erwartung der Jungen

Tragzeit: Anfangs ist die Füchsin durch ihre Trächtigkeit in keiner Weise eingeschränkt. Den Wurfbau (→Der Bau wird nur zeitweilig benutzt, Seite 38), den sie schon zu Beginn des Winters ausgewählt hat, sucht sie nun regelmäßig auf. Noch duldet sie die Nähe des Rüden. Doch je näher die Geburt rückt, desto öfter will sie allein sein.
Die Tragzeit dauert nur 51 bis 53 Tage. Etwa ab dem 30. Tag schwellen die Zitzen an, und die Fähe wird zusehends dicker. Ab dem 40. Tag fallen die Bauchhaare aus, damit die Zitzen freiliegen. Die Fähe unterstützt das mit Ausreißen und Ablecken. Die Höhle polstert sie nicht mit Nistmaterial aus, wie andere Wildtiere.
Geburt: Spätestens mit Einsetzen der Wehen zieht sich die Fähe in den Bau zurück. Sobald das erste Junge da ist, befreit sie es von der Fruchthaut, durchbeißt die Nabelschnur und bettet es nahe der Zitzen in ihr Fell. Das Ganze dauert nicht länger als zwei bis drei Minuten.
Wurfgröße: Meistens sind es vier bis sechs Junge, es können aber auch bis zu neun und mehr sein. Das hängt vom Nahrungsangebot ab, das vor allem bei hoher Fuchsdichte schlecht sein kann. Gibt es wenig zu fressen, ist die Fähe selbst schwach und kann nur wenige Junge austragen.

Familienleben

Die Füchsin ist eine gute Mutter. In den ersten Tagen verläßt sie ihre Jungen nicht. Warm eingebettet in ihr Fell verbringen die Kleinen ihr Dasein mit Trinken und Schlafen. Noch sind ihre Augen geschlossen, und sie sehen mit ihrem samtartigen, dunklen Fell eher wie Maulwürfe aus denn wie Füchslein (→Die Entwicklung der Jungen auf einen Blick, Seite 34).

Zum Trinken arbeiten sie sich mit der Schnauze tastend zu den Zitzen vor und regen den Milchfluß durch Treteln mit den Vorderpfoten, dem sogenannten Milchtritt an. Wenn die Fähe nach einigen Tagen hin und wieder den Bau verläßt, kuscheln sich die Welpen auf dem blanken Boden sofort eng aneinander, um möglichst wenig Körperwärme zu verlieren. Zurückgekehrt rollt sich die Füchsin um die Kleinen und stubst sie mit der Nase ins Fell und zu den Zitzen.

<u>Die Rolle des Vaters:</u> Fuchsrüden versorgen ihre Fähen mit Futter, solange diese mit dem Säugen der Jungen beschäftigt sind. Auch später bleiben sie der Familie treu und tragen für die hungrigen Jungen fleißig Beute herbei. Es gibt aber auch »alleinerziehende« Fähen. Dann ist entweder der Rüde durch Jagd oder Unfall getötet worden, oder er hat noch eine andere Füchsin begattet und versorgt deren Wurf.

<u>Zwei Würfe in einem Bau:</u> Manchmal kann man vor einem Bau Füchslein aus zwei verschiedenen Würfen beobachten. Möglicherweise ist ein Wurf in einem Nachbarbau verwaist und wurde nun von der Fähe adoptiert. Oder zwei Füchsinnen (meistens verwandte Tiere) ziehen gemeinsam ihre Würfe auf.

Die Kopulation zwischen Füchsen dauert nur wenige Sekunden (oben), das Hängen dagegen bis zu einer halben Stunde und mehr (unten).

Spielen und Lernen

<u>Im Bau:</u> Mit etwa zwei Wochen öffnen sich die Augen, und die Fähe nimmt wieder ihr Jagdleben auf. Sie kehrt jedoch in regelmäßigen Abständen zum Säugen zurück, spielt auch mit den Jungen, leckt Öhrchen und Afterregion sauber und frißt ihre Hinterlassenschaften.

Sobald ihre Milchzähnchen durchstoßen, kauen die Füchslein auf allem herum, saugen und nagen an Fleischbröckchen und lernen den Geschmack von Blut kennen, wenn die Eltern frische Beute herbeitragen.

Ungefähr im Alter von 25 Tagen beginnt ein wichtiger Abschnitt in ihrer Entwicklung. Noch vollkommen unkontrolliert in ihren Bewegungen tragen sie wilde Beißereien aus und kämpfen geradezu berserkerhaft miteinander. Das hat nichts Niedliches an sich, sondern es geht darum, eine straffe Hierarchie innerhalb des Wurfes auszufechten. Am Ende ist die Rangordnung festgelegt und hat zur Folge, daß der Schwächere dem Stärkeren das Futter überlassen muß. Ein brutaler Prozeß, in dem jedoch klar umrissen wird, daß in der Natur nur die Stärksten auch die besten Überlebenschancen haben.

Außerhalb des Baus: Mit vier Wochen verlassen die Jungen zum ersten Mal den Bau. Zuvor sind sie in den Röhren auf Entdeckung gegangen und haben sich auch immer wieder in die Nähe des Ausgangs gewagt. Von der vorherigen Aggressivität ist nichts mehr zu merken, und sie sind wie wollige Säckchen, die verspielt hinter der Schwanzspitze des Bruders hertapsen.

Im Spiel trainieren die Jungen ihre Muskeln, lernen ihre Bewegungen koordinieren und üben spätere Verhaltensweisen ein (→Spiel – Training fürs spätere Leben, Seite 39). Ihre Aktivitäten wirken individuell je nach Charakter.

Inzwischen ist die Fellfarbe von dunkel über sandfarben in fuchsrot übergegangen. Die Fähe hat die Jungen entwöhnt und geht immer mehr ihrer Wege. Die Eltern bringen nun auch lebende Beute, an der die Jungen das Fangen, Zupacken und den Todesbiß üben. Der Stärkste sichert sich den fettesten Brocken, die Zukurzgekommenen versuchen ihn ihm abzujagen.

Der Kampf ums Futter sowie Streitigkeiten werden von lautem Keckern begleitet. Spiele jedoch verlaufen lautlos, möglicherweise um nicht unnötig Feinde aufmerksam zu machen.

Bereits im dunklen Bau beginnen die Welpen zu spielen und um die Rangordnung zu streiten.

Umzug im Sommer

Ende Mai, Anfang Juni zieht die Fähe mit ihrem Wurf um. Die Jungen sind zwischen zwei und drei Monate alt und werden nun daran gewöhnt, sich in der offenen Landschaft zu bewegen. Bis dahin hatten sie zusammen mit der Mutter oder auch selbständig nur kurze Ausflüge auf eine nahegelegene Wiese unternommen.

Ihr Quartier beziehen sie in Getreidefeldern, dort sind sie sicher vor Menschen. Immer mehr stellen sie sich jetzt auf die fuchsüblichen Zeiten in der Dämmerung und Nacht ein.

Nach wie vor spielen sie zusammen, doch mit zunehmender Unabhängigkeit geht jeder seiner eigenen Wege. Zuweilen schließen sie sich einem Elterntier an und sehen beim Mäusefangen zu. Abgucken muß sich das der Jungfuchs jedoch nicht, da ihm das Beutegreifen angeboren ist.

Im großen und ganzen ist die Sommerzeit eine unbeschwerte Zeit. Solange die Vegetation hoch steht, sind die Füchse vor dem Jäger relativ sicher, und der Tisch ist mit Käfern, Regenwürmern, Grashüpfern, Mäusen, süßem Obst und Beeren reich gedeckt.

Herbstzeit – Abwanderungszeit

Im Herbst beginnt ein wichtiger Abschnitt im Leben eines Jungfuchses. Mit einsetzender Geschlechtsreife geraten die Jungrüden in immer heftigere

Staunender Blick in die Welt: 5 Wochen alter Jungfuchs.

Auseinandersetzungen mit dem Vater, müssen jedoch als Schwächere das Feld räumen. Da auch die Jungfähen nicht mehr geduldet werden, wandern die Kinder schließlich aus dem Revier ihrer Eltern aus.

Biologisch gesehen hat diese Trennung einen Sinn: Einmal wird damit die Inzucht vermieden, vor allem zwischen Geschwistern, zum anderen werden Gebiete, in denen es weniger Füchse gibt (starke Bejagung oder Tollwut →Seite 51), wieder dichter besiedelt.

Die Abwanderung findet zwischen September und November statt. In diesem Zeitraum packt die Jungfüchse eine regelrechte Wanderlust. Oft haben sie schon vorher Ausflüge in Nachbargebiete unternommen, sind bisher aber immer wieder ins Revier der Eltern zurückgekehrt.

Eines Abends ist es so weit: Kaum ist die Dämmerung heraufgekrochen, machen sich die Füchse auf den Weg. Sie laufen ziemlich schnell in mehr oder weniger gerader Richtung entlang von Tälern, Waldrändern und Flüssen. Dabei meiden sie große Waldgebiete und Siedlungen, durchschwimmen jedoch kleinere Flüsse oder benützen Brücken, falls welche vorhanden sind. Sie überqueren auch Autobahnen, werden allerdings häufig überfahren. Wenn sie sich an Eisenbahndämme halten, ist ihre Richtung sehr stark von deren Verlauf bestimmt.

Nachdem sie genügend Entfernung zwischen sich und ihre Eltern gebracht haben (das können wenige Kilometer sein, aber auch mehr als 100), wird die Geschwindigkeit, mit der sie sich fortbewegen, langsamer. Jetzt streunen sie scheinbar ziellos umher, schnüffeln an allen Markierungen, die sie finden, und sammeln sozusagen Informationen. Auf diese Weise bringen sie in Erfahrung, welche Füchse hier wohnen, Männchen oder Weibchen, ob genügend Baue vorhanden sind, ob das Nahrungsangebot ausreicht und ob sich ganz allgemein das Gebiet zur Ansiedlung eignet. Möglicherweise lassen sie sich dann in diesem Gebiet nieder, freunden sich mit einem anderen (andersgeschlechtlichen) jungen Fuchs an und haben in etwa einer Woche eine neue Heimat gefunden.

Füchse hingegen, die sich nicht gut durchsetzen können, wandern noch eine Weile lang unstet umher und haben

Eine Woche später bewegen die Jungen sich schon viel unbefangener und gewandter.

Schwierigkeiten, sich für ein Gebiet zu entscheiden. Meist werden sie von einem stärkeren Rivalen verjagt und müssen sich immer wieder auf die Beine machen. Diese Füchse haben es schwer und bleiben auch meistens auf der Strecke.

Verständigung – Wie Füchse sich unterhalten

Still liegt die Wiese in der Abenddämmerung. Da – eine Bewegung. Ein Fuchs löst sich aus dem Schatten des Waldes und schnürt langsam durch das Gras. Immer wieder bleibt er stehen und hebt das Bein, um zu pinkeln. An einem Grasbüschel, an mehreren Maulwurfshaufen, die die Wiese zieren, an einem Stück Plastik, das der Wind herbeigetragen hat. Den Grenzstein benützt er, um dort seine Losung zu hinterlassen. Dann ist er verschwunden. Eine Weile später taucht ein anderer Fuchs auf. Auch er verharrt und schnüffelt, doch sein Bein hebt er nicht. Er respektiert, daß das Revier bereits besetzt ist.

Mit Hilfe von Geruchsmarkierungen verständigen Füchse sich auf Distanz. In den Hinterlassenschaften aus Harn und Kot »lesen« sie wie unsereins in der Zeitung. Darüber hinaus kommunizieren sie mit Lauten, Gesten, Berührungen und Bewegungen des Körpers – wenn sie sich einmal nahe gekommen sind. Denn dem Einzelgänger Fuchs liegt einerseits daran, sich den Artgenossen vom Leib zu halten, andererseits muß er mit ihm in Kontakt treten, sonst ist die Erhaltung der Art gefährdet.

Losungen werden gern auf erhöhten Stellen und an Wegrändern abgesetzt. Sie dienen ebenso wie der Harn zum Markieren des Territoriums.

Duftsignale aus der Entfernung

Die meiste Zeit des Jahres sucht der Fuchs den Artgenossen abzuwehren, denn nur bei erfolgreicher Verteidigung von Raum und Nahrung ist Fortpflanzung möglich. Dabei braucht er ihn gar nicht zu Gesicht zu bekommen. Die Verständigung aus der Entfernung wird mit Hilfe von Duftsignalen bewerkstelligt.

Duftsignale sind höchst ökonomische Botschaften, denn sie bleiben nicht nur über längere Zeit wirksam, sondern können auch zu jeder Zeit und überall »ausgesendet« und sogar bei völliger Dunkelheit »empfangen« werden. Die Geruchsstoffe haben zweierlei Herkunft. Einmal werden sie von speziellen Drüsensekreten erzeugt und verflüchtigen sich langsam daraus. Zum anderen werden sie Urin und Kot beigemischt und in der Landschaft verteilt.

Drüsensekrete – das Parfum des Fuchses

Der Fuchs hat an verschiedenen Stellen des Körpers Drüsen, die Sekrete produzieren und ausscheiden.

Supracaudal-Drüse: Auch Oberschwanz- oder Veilchendrüse (Viole). Sie liegt auf der Schwanzoberseite, ungefähr eine Handbreit unter der Schwanzwurzel. Die Stelle ist durch ein schwarzes Haarfeld gekennzeichnet. Schon bei rund 10 Wochen alten Jungfüchsen ist dieser sogenannte Violfleck als schwarze Ellipse auf dem wolligen, grauen Haarkleid erkennbar. Man konnte beobachten, daß diese Drüse bei Rüden während der Fortpflanzungszeit größer wird, im übrigen ist ihre Funktion noch weitgehend unbekannt. Da jedoch der Schwanz bei vielen Verhaltensäußerungen eine Rolle spielt – vom leichten Hin- und Herschwingen bis zum hefti-

gen Peitschen – ist anzunehmen, daß dabei das Duftsekret dem anderen Fuchs in die Nase gestäubt wird.

Analsackdrüsen: Sie befinden sich beiderseits des Anus und produzieren ein scharf riechendes Sekret, das den Kot beim Ausscheiden regelrecht einbalsamiert. Besonders aktiv sind die Analsackdrüsen während der Ranz. Wahrscheinlich ist der Duft dieser Drüse ein Gradmesser dafür, wie fortgeschritten die »Liebe« bereits ist. Auch in Form von Tröpfchen wird das Sekret verbreitet, beim Darübermarkieren etwa, oder wenn Füchse kämpfen. Was genau die Düfte signalisieren, weiß man nicht.

Maxillardrüsen: Sie liegen an den Lippen im Maulwinkelbereich. Mit ihrer Hilfe hinterlassen Füchse an Ästen, Zweigen und Gräsern Duftmarken, wenn sie sich mit ihrem Maul daran reiben oder herumkauen. Auch hier weiß man nicht, was sie besagen, zumal sich das Verhalten das ganze Jahr über beobachten läßt.

Pfoten-Drüsen: An den Ballen zwischen ihren Pfoten haben Füchse ebenfalls Duftdrüsen. Diese strömen einen angenehm süßen Geruch aus, der einem Spürhund offensichtlich eine Menge sagt. Interessant dabei ist, daß sich der Duft an niedergetretenem oder ausgerissenem Gras weitaus länger hält. Möglicherweise scharren Wölfe, Hunde und manche Füchse an der Stelle, an der sie eben gepinkelt haben, deswegen mit ihren Hinterfüßen und markieren dabei doppelt: mit Duft und mit Kratzspuren.

Urinmarken bezeichnen den Besitz

Ein Fuchs, der durch sein Revier schnürt, verhält sich nicht anders als ein Hund beim Gassi-Gehen. Immer wieder bleibt er stehen, beschnüffelt ausgiebig eine Stelle und hebt das Bein, um ein bis zwei kurze Spritzer abzugeben, manchmal sogar nur einen Tropfen. Für diese Harnmarkierungen, die ziemlich aufdring-

Durch Reiben des Maulwinkels an den unterschiedlichsten Gegenständen hinterlassen Füchse eine Botschaft, deren Sinn uns noch unbekannt ist.

lich riechen, sucht er sich häufig hohe Grasbüschel, Baumstümpfe, Grenzsteine, Wegränder und andere »hervorragende« Örtlichkeiten aus.
Beide Geschlechter markieren und heben dabei das Bein, der Rüde etwas höher als die Fähe. Im Schnee kann man sogar ausmachen, wer von beiden gepinkelt hat: Beim Rüden weist die Richtung der Spritzer nach vorne, bei der Fähe nach unten oder nach

Auch auf die ölhaltigen Walnüsse ist der Fuchs scharf. Mit den Schneidezähnen raspelt er den Kern aus der Schale.

hinten. Bloßes Harnen hingegen, das bis zu zehn Sekunden und länger dauert und bei dem sich hingehockt wird, kann man hauptsächlich bei noch nicht geschlechtsreifen Tieren beobachten, während erwachsene Füchse vorwiegend markieren. Sie tun dies, um damit ihr Revier abzustecken. Fremde Artgenossen respektieren das und befolgen damit eine unter wilden Füchsen herrschende »Anstandsregel«. Zahme Füchse wissen das oft nicht und müssen es dann schmerzhaft lernen (→ Der zahme Fuchs Glaukos, Seite 79).

Köpfchen bei der Futtersuche

Füchse legen Futterverstecke an und kommen bei Bedarf darauf zurück (→Beute auf Vorrat, Seite 47). Wie rationell sie dabei mitunter vorgehen, hat der amerikanische Wildbiologe J.D.Henry herausgefunden. Hat Reineke die Vorratskammer geleert, markiert er mit Urin. Wenn er das nächste Mal wieder an diese Stelle kommt, riecht sie zwar nach Futter, gleichzeitig aber auch nach Urin. Und das sagt ihm, daß er seine Zeit nicht mehr mit mühseligem Scharren vergeuden muß. Das würde er nämlich tun, wenn es nur nach Futter röche. Soviel zum Thema »schlauer Fuchs«.

Lautsignale, die Kontakt stiften

Durch die Winternacht schwingen sich eigenartige Laute. Es ist eine Art Bellen, doch nicht von einem Hund. Irgendwo in der Landschaft sitzt ein einsamer Fuchsmann, der eine läufige Fuchsfrau gerochen hat und sich nun nach ihr »sehnt«.
Verständigung zwischen Fähe und Rüde: Duftmarken sind die ersten Botschaften, die Fähe und Rüde aussenden. Nun macht sich der Rüde mit Lautsignalen bemerkbar. Es sind kurze Wau-Laute, drei bis fünf Silben, rasch hintereinander ausgestoßen, die manchmal in einem Kreischen enden. Man hört diesen Ruf hauptsächlich zwischen Dezember und Februar in der Ranzzeit.
Die Füchsin läßt einen langgezogenen einsilbigen Klageruf ertönen, der sich wie ein »waah« anhört. Das Tier stößt ihn fast immer im Laufen aus und wirft sich sozusagen mit ganzer Kraft hinein. Am häufigsten hört man ihn während der Ranzzeit; ob er den Rüden anlocken soll, ist wissenschaftlich noch nicht erwiesen.
Mit langgezogenen Wau-Lauten nehmen zwei Füchse, die sich in der weiten Landschaft aus den Augen verloren haben, Stimmfühlung auf. Meist geht eine Art Unterhaltung hin und her: »Hier bin ich, wo bist du?« Untersuchungen haben ergeben, daß jeder Fuchs eine andere Stimme hat, und offensichtlich erkennen sich Pärchen daran. Wenn sie sich schließlich getroffen haben, endet das Bellen in einem dreisilbigen Laut, der sich fast wie ein Hühnerglucken anhört.
Verständigung zwischen Eltern und Jungen: Leise, kurze, oft in rascher Folge geäußerte Waff-Laute, das sogenannte Lock-

Hin und wieder stellt sich der Fuchs auf die Hinterbeine, um einem Eichhörnchen nachzuschnuppern. ▶

Muffen, stoßen Eltern aus, wenn sie sich mit Futter ihren Jungen nähern. Sobald die Welpen sie im Bau hören, sind sie sofort da.

Hingegen warnen Eltern mit einem einsilbigen, dumpfen Schreck-Muffen ihre Jungen, wenn sie sich bei ihnen befinden. Daraufhin flüchten die Welpen sofort in den Bau. Wenn sie sich erschrecken, stoßen sie einen ähnlich klingenden Laut aus.

Der Warnschrei ist wohl der lauteste Ruf, den der Fuchs dann hören läßt, wenn Gefahr droht. Von weitem schon warnt er seine Jungen immer wieder mit einem hellen, langgezogenen, einzelnen »wau«, das nur im Sitzen oder Stehen ausgestoßen wird.

Fuchswelpen winseln beim Betteln um Futter gegenüber ihren Eltern, zuweilen auch im Spiel, wenn sie vom Spielpartner eine gar zu unsanfte Behandlung erfahren.

Verständigung mit der Körpersprache

Eine weitere Spielart der Verständigung unter Füchsen ist die Körpersprache. Die Tiere sprechen mit den Ohren, dem Gesichtsausdruck, der Körperhaltung und den Bewegungen des Schwanzes. Daran können sie ganz leicht die jeweilige Stimmung, Laune und den sozialen Status des anderen ablesen. Die Fellmarkierungen unterstützen diese Sprache.

Einige Beispiele aus dem großen Repertoire der Fuchsmimik: Dösend nimmt der Fuchs die Umwelt mit halbgeschlossenen Augen wahr (oben links); sich am Hals kratzend streckt er den Kopf nach oben (Mitte links); durch Anlegen der Ohren zeigt er dem dominanten Artgenossen seine Unterlegenheit (unten links); gleich wird er angreifen und zubeißen (rechts).

Zum Beispiel trägt der Schwanz oft eine weiße Spitze, die Ohren sind außen schwarz und innen mit cremefarbenem Fell versehen, und auch Brust und Bauch sind weiß behaart.

Beim Spiel: Will ein Fuchs einen anderen zum Spiel auffordern, zeigt er sein sogenanntes Spielgesicht. Dabei stellt er die Ohren steil auf, »lockert« seine Gesichtshaut und hebt die Lefzen leicht an. Gleichzeitig benutzt er bestimmte Gesten, zum Beispiel winkt er mit der Pfote und richtet sich auf den Hinterfüßen auf. Spielerisch beißt man sich in die Schnauze, bringt sich aber keine Verletzungen bei.

Bei der Ranz: Findet sich in der Ranzzeit ein Paar zusammen, pflegt es besonders zärtlichen Kontakt. Rüde und Fähe lecken sich gegenseitig das Gesicht oder beknabbern sich an der Wange, den Ohren, am Hals, häufig auch an den Beinen. Wenn es zur Kopulation kommen soll, legt der Rüde der Fähe die Pfote auf den Rücken und zeigt ihr damit seine Bereitschaft an.

Signale, die Distanz fordern

Wenn Füchse zusammentreffen, bedrohen sie sich und setzen dabei verschiedene Signale gleichzeitig ein, um sich gegenseitig auf Distanz zu halten. Schon mit ihrem Gesichtsausdruck zeigen sie sich, was sie voneinander halten. Die

Ohren sind ganz nach hinten gezogen, die Gesichtshaut wird dabei gespannt. Der sich dominant fühlende Fuchs macht sich mit Buckel, Haaresträuben und Lunte-Hochstellen scheinbar größer. Er stößt mit weit geöffnetem Fang Keckerlaute aus, und mit seinem peitschenden Schwanz verbreitet er Duftstoffe. Der rangtiefere Fuchs, der einen Kampf und damit das Risiko von Bißwunden vermeiden möchte, verkleinert sich. Er duckt sich, legt die Ohren und die Haare an und zieht den Schwanz ein. Außerdem beschwichtigt er mit Winsellauten, die bei erwachsenen Tieren in ein Kreischen, ebenfalls mit geöffnetem Fang übergehen können.

Das Verhalten – ein Musterbeispiel der Anpassung

Weder Jäger noch Tollwut haben den Fuchs ausrotten können. Ihm jedoch daraus den Strick zu drehen und alle möglichen negativen Prädikate anzuheften ist ungerecht. Wahr ist vielmehr, daß der Fuchs bestimmte biologische Eigenschaften entwickelte, die ihn zum »erfolgreichsten« Beutegreifer unter den Säugetieren innerhalb seines Verbreitungsgebietes werden ließen.

Wie der Fuchs sein Überleben sichert

An erster Stelle steht seine hohe Anpassungsfähigkeit. Das half ihm, zum Paradebeispiel eines Kulturfolgers zu werden. Weil er außerdem ein Allesfresser ist, gibt es den Rotfuchs weit verbreitet auf der nördlichen Erdhalbkugel mit gemäßigtem Klima. Er lebt einzelgängerisch und ist mit 40 cm Schulterhöhe recht klein. So beansprucht er nur wenig Platz. Überdies macht er sich durch seine vorwiegend nachtaktive Lebensweise gegenüber uns Menschen unauffällig und ist schwer zu bejagen.

Hinzu kommt noch eine weitere Strategie. Hausen viele Füchse in einem Gebiet und ist dadurch das Nahrungsangebot für das einzelne Tier gering, werden weniger Junge geboren. Denn die körperliche Kondition der Fähen ist schlecht. Sind hingegen die Füchse durch Tollwut vorübergehend stark dezimiert, gibt es weniger Konkurrenz und mehr zu fressen. In der Folge können auch die Würfe wieder größer werden (→Leben in der Gruppe, Seite 35).

Der einsame Jäger

Für die Tatsache, daß Reineke ein Einzelgänger ist, haben die Verhaltensforscher einen Grund ausfindig gemacht: die Größe des Beutetiers.

Der Fuchs hat sich im Laufe seiner Entwicklungsgeschichte (→ Ursprung – Was der Fuchs mit dem Hund gemeinsam hat, Seite 53) auf Beute spezialisieren können, mit der er allein fertig wird. Mit seinem scharfen Gehör macht er sie ausfindig (→Der Gehörsinn, Seite 44). Sodann pirscht er sich unbemerkt an sie heran und fällt so schnell über sie her, daß sie sich nur mehr selten

Die Entwicklung der Jungen auf einen Blick

Geburtsgewicht 70 – 100 g

1.–10. Tag	*blind und hilflos, liegen ins Fell der Mutter gebettet und müssen von ihr gewärmt werden*
11.–14. Tag	*die Augen beginnen sich zu öffnen*
3 Wochen	*die Milchzähnchen brechen durch; die Jungen saugen und kauen an Fleischstückchen*
4 Wochen	*erstes Erscheinen vor dem Bau; Fellfarbe wird fahl; die Entwöhnung beginnt*
6 Wochen	*rote Fellfarbe wird deutlich*
9 Wochen	*die Welpen sind entwöhnt*
12 Wochen	*Umzug ins Feld; das rote Fell ist ausgefärbt*
7 Monate	*Abwanderung; vollständig entwickeltes Winterfell*
9 Monate	*Geschlechtsreife*

zur Wehr setzen oder flüchten kann. Meistens ist gerade so viel an ihr dran, daß sie auch nur ihn satt macht.
Auch was die Jagdzeit anbelangt, hat sich der Fuchs an die Gepflogenheiten seiner Beute angepaßt und ist nachts, vor allem aber in der Morgen- und Abenddämmerung aktiv.

Während die Füchsin ihre Jungen versorgt, schafft der Rüde Futter herbei.

Leben in der Gruppe

Normalerweise zieht ein Fuchspaar einen Wurf groß und vertreibt dann die Jungen, vor allem die männlichen. Denn ein Fuchsrüde würde nie mit seinen Söhnen im gleichen Territorium zusammenleben wollen. Da gäbe es immer Streitereien um die Weibchen. Aus irgendwelchen Gründen hat nun die Fuchsdichte erheblich zugenommen, das heißt, immer mehr Füchse müssen sich immer weniger Raum teilen. Da stellt sich ein Phänomen ein, das man vor allem in England beobachten kann.
Hier gibt es Gebiete, wo sich die Füchse in Gruppen zusammenschließen, die aus einem Rüden und bis zu vier oder fünf Fähen bestehen. In diesem Harem führt die älteste Fähe sozusagen das Szepter. Nur sie bekommt Junge, denn nur mit ihr verpaart sich der Rüde. Auf diese Weise wird eine Art Geburtenkontrolle ausgeübt.
Die übrigen Fähen, meistens Töchter, übernehmen die Tantenrolle, helfen, die Welpen aufzuziehen und sie bei Abwesenheit der Mutter zu bewachen. Sie versorgen sie sogar weiter, falls die Eltern umkommen sollten.
Die Söhne hingegen müssen aus der Gruppe abwandern, denn für sie bliebe ohnehin nur die Fortpflanzung mit ihren Schwestern übrig. Inzucht scheinen Füchse und überhaupt wildlebende Säugetiere jedoch zu vermeiden (→Abwanderung, Seite 26).

Wenig Ansprüche an den Lebensraum

Ein weiteres Indiz für die sprichwörtliche Schlauheit des Fuchses mögen die niederen Ansprüche sein, die er an seinen Lebensraum stellt. Er paßt sich allen Gegebenheiten an, vorausgesetzt, er findet genügend Nahrung, Verstecke und Aufzuchtsorte für die Jungen. Selbst die Nähe von Menschen stört ihn nicht, solange er sich geschützt und unbemerkt wähnt. Unsere heutige Kulturlandschaft bietet ihm dies mehr oder weniger.
Auf Wiesen findet er seine Hauptbeute, die Feldmaus, auf Äckern klaubt er in feuchten Nächten Regenwürmer auf, unter Obstbäumen im Sommer Früchte. Von Bauernhöfen klaut er Geflügel, vor allem wenn er Welpen aufzieht, und sucht dort im Winter, wenn das Nahrungsangebot karg ist, nach freßbaren Abfällen. In den rar gewordenen Heckenlandschaften gelingt es ihm hin und wieder, einen Junghasen oder ein Rebhuhn zu erwischen (→Feldhase und Wildgeflügel, Seite 46).
Anpassungsfähig, wie Reineke ist, ernährt er sich zum Beispiel in den Sanddünengebieten Hollands hauptsächlich von Kaninchen. Wohnt er an der Meeresküste, frißt er ange-

schwemmte Fische, fängt brütende Küstenvögel oder räubert deren Nester. Sogar mitten in Städten kann der Rotrock leben. Dort hält er sich tagsüber in Parks, Schrebergärten und Friedhöfen versteckt und durchstöbert nachts die Abfallkübel (→Füchse in der Stadt, Seite 84).

In den Grenzen des Streifgebiets

Wenn ein Fuchs sich ein Gebiet erobert hat, bleibt er ihm in der Regel sein Leben lang treu. Das hat etliche Vorteile. Aufgrund genauer Ortskenntnis spart er Zeit und Energie, um an all das zu kommen, was ihm das Überleben garantiert. Er weiß, wo es derzeit die meisten Mäuse gibt, er kennt bei Gefahr das nächste Versteck. Besonders nötig braucht er den festen Standort jedoch für die Fortpflanzung. Nur so kann er seine Jungen, die anfangs Nesthocker sind, erfolgreich aufziehen.

Auf eine bestimmte Größe des Streifgebiets ist der Fuchs nicht festgelegt. Er begnügt sich mit 40 ha, kontrolliert aber auch 20 qkm. Das hängt

Schrägstehende Bäume kann der Fuchs mit Leichtigkeit erklettern, offensichtlich aufgrund der rauhen Ballen an den Pfoten.

Wie ein Seiltänzer balanciert er auf Ästen und Zweigen.

Absolut schwindelfrei muß man sein, um es hier gemütlich zu finden.

teils von der Beschaffenheit ab, teils von der Fuchsdichte. In eintönigen Agrarlandschaften ist es meistens größer als in vielseitigen, reich gegliederten Gegenden.
Steht viel Platz zur Verfügung, lebt ein Fuchspaar in einem Streifgebiet, das sich sogar mit denen der Nachbarn leicht überschneiden kann. Je mehr Füchse sich den vorhandenen Lebensraum jedoch teilen müssen, desto unverträglicher werden sie. »Verbissene« Grenzmarkierung (→Urinmarken bezeichnen den Besitz, Seite 29) oder auch Kämpfe sind die Folge.

In der Nacht unterwegs

Der Fuchs durchstreift sein Revier bei jedem Wetter. Selbst Regen und Sturm hindern ihn nicht daran, auf die Pirsch zu gehen oder unter freiem Himmel zu ruhen. Sein dichter Pelz schützt ihn vor jedem Wetter.
Mit Hilfe der Radiotelemetrie (Fuchs mit Sender am Halsband, Beobachter mit Empfänger, →Seite 80) wissen wir heute, was Reineke im Schutz der Dunkelheit so treibt. Zum Beispiel macht er jedesmal eine andere Tour, sucht mal mehr zwischen Hecken und auf Wiesen nach Nahrung, mal eher auf Feldern und in Obstgärten. Auch die Ruhepausen, die er dazwischen einlegt, sind unterschiedlich lang und variieren je nach Größe des Gebiets.

Ein weiterer Bestandteil des nächtlichen Programms ist die Kontrolle der Markierungen (→Seite 29). Schnell bewegt er sich von einer zur anderen, erneuert, wo nötig, und vergewissert sich, ob auch kein Artgenosse eingedrungen ist. Mit lang wirkenden Markierungen verteidigt Reineke nämlich sein Territorium. Das ist wie eine Art psychologischer Kriegsführung, denn ein fremdes Tier, das ein gut markiertes Gebiet betritt, befindet sich von vornherein in der Defensive und zieht bei einer Auseinandersetzung meist den kürzeren.

Der Bau wird nur zeitweilig benutzt

Ein wichtiger Bestandteil im Lebensraum des Fuchses ist der Bau. Er dient als Geburts-, Aufzucht- und Wohnstätte. In weichen Böden gräbt der Fuchs ihn selbst, in harten benützt er bereits vorhandene Baue, vorzugsweise die vom Dachs.
Sie sind meist sehr geräumig und bestehen aus zahlreichen Röhren und Kesseln, so daß Fuchs und Dachs auch zusammen unter einem Dach wohnen können – mit dem gebührenden Abstand.
Baue findet man sowohl in Nadel- und Mischwäldern als auch in Hecken und Pflanzungen. Bevorzugt werden südliche Hanglagen, weil es dort trockener ist und die Jungen in ihrer Spielphase viel Sonne abkriegen. Meist besitzt ein Bau mehrere Eingänge, die in ebensoviele Kessel münden. Er kann aber auch nur aus einer Röhre und einem Kessel bestehen, so wie der Fuchs durchaus in der Lage ist, ein Drainagerohr als Wochenstube zu benutzen. Im übrigen ist Reineke kein Höhlenbewohner und hält sich außerhalb der Paarungs- und Welpenaufzuchtszeit nur selten im Bau auf.

Rivalen untereinander

Wenn ein Fremder in ein Territorium eindringt und vom Eigentümer gestellt wird, gibt es Streit. Dabei laufen ver-

In der engen Röhre des Baus kann sich der Fuchs nur kriechend fortbewegen.

schiedene Verhaltensweisen ab, die mit steigender Aggressivität gepaart sind.
1. Aggressionsstufe: Revierbesitzer und Eindringling zeigen das sogenannte Imponierverhalten, das heißt, sie machen sich optisch größer. Steifbeinig und mit gesträubten Haaren gehen sie wie kampflustige Kater aufeinander zu, machen einen Buckel und stellen den Schwanz ab.
2. Aggressionsstufe: Der Revierbesitzer, der sich überlegen fühlt, rempelt den Eindringling an und versucht, ihn wegzudrücken. Mit Aufreiten und Rückenbiß demonstriert er, wer hier das Sagen hat.
3. Aggressionsstufe: Die beiden stürzen sich aufeinander und versuchen, sich gegenseitig am Halsfell zu packen oder in Beine, Schulter und Rücken zu beißen und zu verletzen. Keckernde Schreilaute mit weit offenen Mäulern betonen, wie wenig willkommen der Rivale ist. Sobald einer der Streithähne sich unterlegen fühlt, signalisiert er dies mit der Demutshaltung. Er macht sich kleiner, indem er Schwanz und Ohren anlegt oder sich gar flach auf den Boden duckt und Winsellaute ausstößt. Der Sieger läßt dann in der Regel von ihm ab und gibt ihm Gelegenheit zur Flucht.
Dieses »ritterliche« Verhalten ist in der Tierwelt häufig zu beobachten. Dem Unterlegenen wird somit die Möglichkeit geboten, relativ unverletzt das Feld zu räumen, um weiterhin im Lebenskampf zu bestehen.
Ritualkämpfe: Anders verlaufen Streitereien zwischen verwandten Füchsen oder zwischen Rüde und Fähe. Wie viele andere Tierarten fechten sie sogenannte Ritualkämpfe aus, um Verletzungen zu vermeiden. Dabei richten sie sich voreinander auf und stemmen sich gegenseitig die Vorderpfoten auf die Brust. Manchmal bleiben sie minutenlang so stehen, mit weit geöffnetem Fang laut keckernd, bis einer schließlich nachgibt und nun verjagt werden kann.

Sich unterlegen fühlende Füchse besänftigen den dominanten Artgenossen, indem sie sich kleiner machen: Sie ducken sich flach auf den Boden und legen die Ohren nach hinten.

Spiel – Training fürs spätere Leben

Spielende Jungfüchse sind beinahe ununterbrochen in Bewegung. Sie klettern auf Baumstümpfe hoch, springen wieder hinunter, sie haschen nach der Schwanzspitze ihrer Geschwister, sie besteigen sich von hinten, beißen sich gegenseitig ins Maul, fordern mit winkender Pfote zum Spiel auf und versuchen, sich dabei auf den Hinterbeinen aufzurichten. Alles sieht sehr putzig und niedlich aus und scheint ohne Sinn und Zweck zu sein. Doch das trügt. Im Spiel werden wichtige Verhaltensweisen fürs spätere Leben trainiert.
Sozialspiel: Es dient dazu, Verhaltensweisen des Kampfes, der Paarung und des Beutefangs einzuüben. Dabei lernen die Füchslein mit ihrem eigenen Körper und mit dem Artgenossen umgehen. Anschleichen, Sprung auf die Beute, Verfolgen, Beißen, Graben und Kauen auf jedwedem Gegenstand, Schnappen nach Käfern und Fliegen, Fressen von Grashalmen und vieles mehr werden unermüdlich und mit wachsender körperlicher Geschicklichkeit ausgeführt.

Objektspiel: Auch der Umgang mit der Beute will geübt sein. Wie packt man eine Maus, damit sie einem nicht mehr entkommt? Wie verhält man sich einem Beutetier gegenüber, das sich zur Wehr setzt? Wie wird ein Huhn gerupft? Beliebt als Übungsobjekte sind Vogelflügel, Holzstücke oder auch Plastikfetzen. Sie werden benagt, geschüttelt, zerrissen oder mit dem Maul in die Luft geschleudert, wieder angesprungen und erneut gepackt.

Der Körper – an die Umwelt angepaßt

Der Fuchs gehört zur Familie der Hundeartigen. Doch in vielem ist er der Katze sehr ähnlich: die erstaunliche Sprunggewandtheit, das geduckte Anschleichen an eine Beute, das Zucken der Schwanzspitze bei Erregung, die sich zu einem senkrechten Schlitz verengenden Pupillen. In der berühmten Kindergeschichte vom »Pinocchio« treten Fuchs und Katze sogar als Paar auf.
Warum der Fuchs als einziger aus seiner Familie so katzenartige Züge aufweist, läuft wohl auf eine Ursache hinaus: er hat sich auf dieselbe Beute spezialisiert wie Kleinkatzen. Sehen wir, welchen Einfluß das auf den Körperbau des Fuchses genommen hat.

Der Körperbau – ideal in den Proportionen

Immer wieder überrascht einen die Tatsache, wie klein der Fuchs eigentlich ist. Sein Körper ist nämlich nur zwischen 60 und 90 cm lang und 35 bis 40 cm hoch. Erst der buschige Schwanz von etwa 40 cm Länge verleiht ihm den stattlichen Eindruck. Durchschnittlich wiegt der mitteleuropäische Fuchs zwischen 5,7 (Fähe) und 6,8 kg (Rüde). Der sich nach hinten verjüngende geschmeidige Körper, der sehr leichte Knochenbau und längere Hinterbeine, als bei Hunden vergleichsweise üblich, tragen zu den Besonderheiten bei, die den Fuchs zu dem punktgenauen Sprung auf die Maus befähigen und ihn sogar sehr gewandt auf Bäume klettern lassen.

Der Kopf – spitz und schmal

Nichts hat so sehr zur Fabeldichtung um den Fuchs beigetragen wie sein Gesichtsausdruck, diese gerissene Unschuldsmiene, die ihm gera-

Wenn Füchse ihr Revier kontrollieren, schlagen sie eine schnelle Gangart an.

dezu als Markenzeichen anhaftet. Hervorgerufen wird der Eindruck durch die spitze Schnauze, die die Schmalheit der Kopfform noch betont. Da die breiteste Stelle an den Jochbögen nur 8 cm mißt und dies zugleich auch die breiteste Stelle des Körpers ist, kann der Fuchs unauffällig durch Gras und dichtes Buschwerk streifen und sich durch entsprechend enge Spalten und in Röhren zwängen.

Die Augen sind bernsteinfarben und so angeordnet, daß der Fuchs beidäugig (binokular) sehen kann (→Der Sehsinn, Seite 44). Die Ohren stehen wie bei allen Wildhunden. Sie sind relativ groß, sehr beweglich, außen schwarz gefärbt und innen dicht behaart, damit Schmutz und Nässe nicht eindringen können (→Der Gehörsinn, Seite 44).

Das Gebiß – vielseitig verwendbar

Das Gebiß des Fuchses besteht wie fast bei allen Hundeartigen aus 42 Zähnen (oben 20, unten 22). Es ist vielseitig verwendbar und dient verschiedenen Funktionen. Mit den Schneidezähnen kann der Fuchs den Vögeln, die er fängt, die Federn rupfen, Nüsse knacken und die Frucht aus der Schale raspeln, Obst und Beeren von Bäumen und Sträuchern pflücken, Regenwürmer aus dem Boden ziehen und seinen Pelz reinigen.

Junger Fuchs beim Rupfen eines Huhns, das ihm der Altfuchs zugetragen hat.

Mit den scharfen Fangzähnen packt und tötet er seine Beute, schneidet größere Tiere wie Kaninchen oder Hasen an und zerlegt sie. Mit den Backen- oder Reißzähnen schließlich zermalmt er Knochen, zerkleinert Fleisch und zerquetscht Obst und Knorpel.

Gliedmaßen – was der Fuchs damit alles tun kann

Laufen: Der Fuchs hat eine unverwechselbare Gangart, die aufgrund der Spur, die er dabei hinterläßt, »Schnüren« genannt wird. Die Tritte der rechten und linken Pfote sind nämlich genau hintereinander im Abstand von etwa 30 cm wie auf einer Schnur aneinandergereiht. Und noch eine Besonderheit kommt hinzu, denn in der Regel tritt die linke Hinterpfote exakt in die Spur der rechten Vorderpfote und umgekehrt (→Foto, Seite 40). Im Galopp setzt der Fuchs die Tritte zwei und zwei meist etwas schräg nebeneinander, auf der Flucht hingegen greift er mit beiden Hinterläufen über die Vorderläufe hinaus. Dabei kann er eine Geschwindigkeit bis zu 50 km/h erreichen. Beim Anschleichen bewegt sich der Fuchs genau wie die Katze in geduckter Haltung, extrem langsam und kontrolliert, kann mitten im Schritt verhalten und lange in dieser Stellung verharren.

Springen: Bevor der Fuchs zum Sprung auf die Maus ansetzt, knickt er in den Hinterbeinen etwas ein und stemmt sich mit ganzer Kraft gegen den Boden. Dann schnellt er sich nach mehrmaligem leichtem Vor- und Zurückschaukeln in einem Winkel zwischen 30 und 45 Grad ab, fliegt

Der Fuchs hat es im Laufe seiner Evolution zu einer erstaunlichen Sprunggewandtheit gebracht.

bis zu 4 m weit durch die Luft und landet mit den Vorderpfoten genau auf der Beute. Er springt auch, wenn sie sich direkt vor seinen Pfoten bewegt. Dann hüpft er senkrecht in die Luft, krümmt sofort seinen Rücken und stößt mit der Schnauze auf sie hinunter.

Klettern: Der Fuchs kann ohne große Anstrengung schrägstehende Bäume erklimmen, offensichtlich aufgrund der rauhen Ballen an den Pfoten, die ihnen genügend Haftung verleihen. So bietet sich der erstaunliche Anblick eines Fuchses, der es sich im Geäst eines Baumes gemütlich gemacht hat (→Fotos, Seite 36 und 37).

Pfoten – der Gang auf Zehen

Beim Gehen berührt der Fuchs den Boden nur mit den Zehen. So verteilt sich das Körpergewicht auf die sehr kleine Pfotenfläche, wodurch beim Laufen weniger Reibung entsteht Die Pfote besteht aus vier Zehen und fünf Ballen, die durch ihre Polsterung den Effekt des leisen Gangs auf Zehen noch verstärken. Die Krallen an den Zehen sind stumpf und können nicht eingezogen werden. Mit den größeren und kräftigeren Vorderpfoten gräbt der Fuchs seine Baue, mit den Hinterpfoten kratzt er sich Schmutz und Parasiten aus dem Fell.

Der Pelz – die Zierde des Fuchses

Was wäre der Fuchs ohne seinen Pelz, oder besser gesagt, wie wäre es ihm ergangen, würde er nicht diesen prächtigen rotbraunen Pelzrock besitzen? Er gab seit jeher zu Verfolgung Anlaß.

Aufbau: Aufgebaut ist der Pelz aus der dichten, feinen, dunkelgrauen Unterwolle und den darüberliegenden langen, rot- bis graubraunen Deckhaaren. Die längsten Haare wachsen am Schwanz, am Rücken und an den Flanken.

Färbung: Auf der Rückseite der Lauscher und an den Läufen trägt der Fuchs Schwarz. Die übrige Färbung variiert stark. Auf der Oberseite kann sie von leuchtendrot über rötlich- und dunkelbraun bis zu grau tendieren, Schnauze, Brust und Bauch sind meist weiß, hin und wieder nußfarben oder fast schwarz. Die Schwanzspitze ist in der Regel schneeweiß, es kommen aber auch Füchse mit schwarzer oder rötlich-gelber Schwanzspitze vor. Neugeborene Füchse haben ein braunschwarzes, flaumiges Pelzchen und eine weiße Schwanzspitze. Ab der fünften Woche wechseln sie von sandfarben zur endgültigen Farbe über.

Farbvarianten: Je nach Färbung gibt es eigene Namen. Der Birkfuchs, die am häufigsten vorkommende Farbvariante, ist rot mit weißem Bauch, der Brand- oder Kohlfuchs dunkelbraun mit fast schwarzem Bauch. Der Kreuzfuchs trägt ein schwarzes Kreuz auf Rücken und Schultern, der Silberfuchs ist schwarz mit weißen Deckhaarspitzen, die silbrig glänzen, und einer reinweißen Schwanzspitze.

Sommer- und Winterpelz: Das Fell ist nicht nur Zierde, es reguliert auch den Temperaturhaushalt. So ist es im Sommer dünn, im Winter dick. Der Haarwechsel zum Sommerkleid beginnt im April und dauert bis zum September. Da sieht der Fuchs dann etwas abgewetzt aus. Doch schon im Oktober fangen von den Läufen über Bauch und Schwanz die dicken Winterhaare erneut zu wachsen an, und im November steht Reineke wieder in voller Pracht da.

Fellpflege: Der Pelz schützt die Haut auch vor starker Strahlung oder Verletzungen und hält Regen und Nässe ab. Um dies zu gewährleisten, muß der Fuchs sein Fell sorgfältig pflegen. Leichte Verschmutzungen entfernt er mit der Zunge, verklebte und verfilzte Haare entwirrt er mit den Zähnen, Nacken, Schultern, Hals und Ohren werden mit den Hinterläufen gekratzt. Durch Beknabbern mit den Zähnen säubert der Fuchs schmutzige Pfoten und sucht sich von Parasiten zu befreien (→Seite 48).

Der Schwanz – nicht nur prächtiges Anhängsel

Der buschige Schwanz hat vielerlei Funktionen. Beim Schlafen dient er dem Fuchs als wärmendes Kopfkissen. Beim Schnüren streckt er ihn waagerecht ab und benützt ihn so als Gegenbalance zum meist gesenkt gehaltenen Kopf. Aber auch im Galopp weht der Schwanz als Fahne hinterher. Beim Springen dient er als Steuerruder, steil aufgerichtet oder erregt hin und herzuckend weist er auf die Spannung beim Mäusefang hin. Leichtes Wedeln bis heftiges Peitschen zeigen die jeweilige Stimmung zwischen Jung- und Alttieren, zwischen Rüden und Fähen oder zwischen Rivalen an. Ob die weiße Schwanzspitze in der Nacht als »Schlußlicht« für die den Eltern folgenden Jungen dient ist nicht erwiesen, aber denkbar.

Die Sinnesorgane – zu Hochleistungen fähig

Über die Findigkeit des Fuchses, Gefahren zu entgehen oder sich Beute zu beschaffen, kursieren die tollsten Geschichten. Der englische Fuchsforscher David Macdonald zum Beispiel erzählt von seinem ersten, kläglich gescheiterten Versuch, einen Fuchs zu fangen: »Die Füchse aus der Gegend zeigten großes Interesse an meinen sechs Fallen. Sie liefen drumherum, bepinkelten sie, scharrten drunter und sprangen drüber, sie hinterließen etliche Haufen und holten sich mit den Pfoten die Köder zwischen den Gitterstäben heraus. Nur eines taten sie nicht: sie gingen nicht hinein.« Da liegt es nahe, dem Fuchs außerordentliche Geisteskräfte zuzutrauen.

Rasche Auffassungsgabe

Wie schnell ein Fuchs sozusagen eins und eins zusammenzählen kann, beobachtete der kanadische Fuchsforscher J.D.Henry. Ein junger Fuchs pflegte regelmäßig an einem See zu trinken. An einem kalten Novembermorgen entdeckte er, daß der See zugefroren war. Verwirrt beschnüffelte er die unbekannte Substanz, kratzte ein bißchen daran, schließlich setzte er vorsichtig eine Pfote nach der anderen darauf. Mehrmals rutschten ihm die Füße weg, was ihm einiges Kopfzerbrechen verursachte. Doch plötzlich nahm er Anlauf und schlidderte übermütig auf dem Eis herum. Er hatte begriffen, wozu die Sache gut war.

Der Geruchssinn

Die Nase ist Reinekes bestes Sinnesorgan. Damit erschließt sich ihm die Umwelt in einem Reichtum, den wir Menschen mit unserem unterentwickelten Geruchssinn kaum erahnen können. Alle Dinge haben ihren eigenen Geruch, der sich jedem Ereignis als Spur aufprägt, und der Fuchs »liest« darin und versorgt sich so mit Informationen aller Art.

Grund für dieses feine, differenzierte Riechen ist die stark vergrößerte Fläche der Riechschleimhaut. Beträgt sie beim Menschen nur 5 qcm mit rund 500.000 Riechzellen, ist sie beim Fuchs bis zu 120 qcm groß und mit rund 225 Millionen Riechzellen ausgestattet.

So ist der Fuchs einem wahren Ansturm von Düften ausgesetzt, die er jedoch sehr genau auseinanderhalten kann. Das ist

Ein Fuchs auf Mäusefang: Mit einem weiten Sprung legt er die letzte Distanz schnell und lautlos zurück.

wichtig für ein Tier, das sich im Dunkeln orientieren muß. Tatsächlich braucht ein Fuchs nicht zu sehen, sondern kann sich vollkommen auf seine Nase verlassen.

Der Gehörsinn

Auch den Fuchs könnte Rotkäppchen fragen: »Warum hast du so große Ohren?« Damit er besser hören kann. Schließlich fängt der Fuchs Mäuse und muß aus dem Konzert aller ihn umgebenden Geräusche das Piepsen zarter Mäusestimmen, das Trappeln winziger Mäusefüße oder das Nagen feiner Mäusezähnchen herauskennen. Selbst den sich windenden Regenwurm nimmt er wahr und kann ihn so gezielt packen.
Die Ohren des Fuchses sind wie große Schalltrichter, die unabhängig voneinander um 100 Grad von vorn nach hinten gedreht werden und in Frequenzbereichen bis 65 kHz und mehr hören können.
Den Sprung nach der Maus vollführt der Fuchs rein nach dem Gehör. Hat er ein Geräusch vernommen, hält er in der Bewegung inne und versucht es mit Schräghalten und Hin- und Herwenden des Kopfes genau zu orten.

Der Sehsinn

Auch die Augen des Fuchses sind an seine nächtliche Lebensweise angepaßt. Wie bei der Katze verfügen sie über einen Mechanismus, den wir vom Fotoapparat her kennen. So können die Pupillen bei Dunkelheit ganz groß werden und ein Maximum an Licht sammeln. Je heller es wird, desto mehr verengen sie sich, bis das Licht nur mehr durch zwei kleine Öffnungen in das Auge gelangt.
Wenn Fuchsaugen in der Dunkelheit von Licht getroffen werden, leuchten sie wie Lampen auf. Dies bewirkt eine Reflexschicht im Augenhintergrund, das sogenannte *Tapetum lucidum*. Es verstärkt die Wirkung des einfallenden Dämmerlichts, so daß der Fuchs auch dann noch sehen kann, wenn wir die Hand vor den Augen kaum mehr erkennen.
Als Jäger interessiert den Fuchs nur das Bewegliche, das Unbewegliche übersieht er. Deswegen stellen sich auch viele Tiere tot; der Hase zum Beispiel drückt sich in eine Ackerfurche, bodenbrütende Vögel verharren regungslos auf ihrem Nest, und auch eine Maus kann ihr Leben retten, wenn sie in eine Art Starre verfällt. Sobald sie sich jedoch bewegt, rückt sie dem Fuchs sozusagen wieder in die Pupille.

Der Tastsinn

Rund um die Schnauze trägt der Fuchs lange, steife Tasthaare, die auf jede Berührung sehr empfindlich reagieren. Auch auf der Hinterseite der Vorderläufe sitzen *Vibrissae*, wie der Fachausdruck heißt. Die Fußballen sind ebenfalls sehr tastempfindlich, vor allem aber die kurzen Haare davor. Sie melden dem Gehirn die feinste Berührung. So ausgerüstet kann der Fuchs auch durch Dickichte laufen und

über Stock und Stein eilen, ohne gegen Hindernisse zu rennen oder gar zu stolpern.

Allesfresser Fuchs

In einem russischen Märchen ergaunert sich der Fuchs nacheinander ein Hühnchen, ein Gänschen, ein Lämmchen und ein Öchslein, beißt ihnen die Kehle durch und verscharrt das Fleisch. Eine phantastische Geschichte zwar, aber was die Eßgewohnheiten des Fuchses anbelangt, gar nicht mal so fabelhaft.

Das Nahrungsangebot hängt von der Landschaft ab

Der Fuchs ist ein Allesfresser, und das hat für ihn sehr viele Vorteile: Er kann überall Nahrung finden und sich somit in jeglicher Landschaft fortpflanzen. Besonders reichhaltig ist das Nahrungsangebot dort, wo sich auf Feldern und Wiesen, in Wäldern und Gärten eine Vielfalt von Tieren und Pflanzen entwickeln kann.

Reineke hat aber noch eine andere günstige Eigenschaft: Er nimmt ohne viel Federlesens diejenige Nahrung auf, die gerade günstig im Angebot steht, und erweist sich so als klassischer Opportunist. Je häufiger, je verbreiteter in der Landschaft und je zugänglicher, desto attraktiver die Beute. Ebenso von Bedeutung ist der Energiegehalt, die Verwertbarkeit und die Verfügbarkeit über das ganze Jahr. Was Wunder, daß sich der Fuchs auf Feldmäuse spezialisiert hat, denn die erfüllen die meisten der eben genannten Faktoren. Sein schlechter Ruf als Gänsedieb besteht also keineswegs zu Recht.

Mäuse bevorzugt

Viele seiner Verhaltensweisen zeigen, wie sehr sich der Fuchs im Laufe der Evolution an die Maus als seine Hauptbeute angepaßt hat (→Der einsame Jäger, Seite 34). Die weitaus meisten Mäuse leben in Wiesengebieten, weil sie sich von den Wurzeln der Gräser ernähren. Wiesenflächen sind daher die wichtigsten Jagdbiotope des Fuchses. Mäuse sind tag- und nachtaktiv, somit kann der Fuchs sie zu allen Tages- und Nachtzeiten erbeuten. Allerdings ist er meistens nur nachtaktiv, um eine Begegnung mit dem tagaktiven Menschen zu vermeiden.

Mäuse gibt es zu jeder Jahreszeit, sie sind relativ leicht zu erbeuten, können ganz hinuntergeschluckt und bis auf den Zahnschmelz und die Haare restlos verdaut werden.

Die Maus wird blitzschnell mit den Zähnen gepackt und nach wenigen Kaubewegungen mit dem Kopf voran hinuntergeschluckt.

Wildkaninchen sind begehrt

In manchen Regionen Europas, so etwa in den Dünengebieten der Nordsee, stellen Kaninchen die Hauptbeute für den Fuchs dar. Auch sie fallen nicht in den Winterschlaf und kommen das ganze Jahr über in großer Zahl vor, sind relativ leicht zu überwältigen und ebenfalls von hohem Energiegehalt. Leider – vom Standpunkt des Fuchses aus – ist das in Europa einstmals weit verbreitete Kaninchen in seinen Beständen aufgrund der Kaninchenseuche, der Myxomatose, stark vermindert worden oder vielerorts gänzlich verschwunden.

Regenwürmer – energiereiche Nahrung

Vor allem in Wiesenböden gibt es Regenwürmer in enormen Mengen. Sie bilden eine energiereiche Nahrung, weil sie sehr fett und proteinhaltig sind und vom Fuchs bis auf die Chitinborsten und den Darminhalt restlos verdaut werden können. In gewissen Gebieten Südenglands machen sie 60 Prozent seiner Nahrung aus.

Als nachtaktives Tier kommt der Regenwurm nur bei Dunkelheit an die Erdoberfläche. Er ist auf mildes und feuchtes Klima angewiesen, und bei Frost oder Trockenheit macht er sich rar.

Oft wird ein bei Tage schnürender und jagender Fuchs von Krähen so hartnäckig verfolgt, daß er sich schließlich wütend zur Wehr setzt.

Feldhase und Wildgeflügel

Hase mag der Fuchs zwar sehr gern, doch er macht bereits in seinem ersten Lebensjahr die Erfahrung, daß ein ausgewachsenes, gesundes Tier unerreichbar für ihn ist. So erbeutet er hauptsächlich junge Häschen, die ja in den ersten Lebenstagen von der Häsin in der Ackerfurche alleingelassen werden, oder durch Krankheit und Alter geschwächte Tiere.

Das gleiche gilt für Wildgeflügel wie Rebhuhn, Ente oder Fasan. Auch sie sind schwierig zu erbeuten und fallen dem Fuchs höchstens zur Brutzeit zum Opfer, wenn sie in ihren Bodennestern sitzen.

Krähen gegenüber hat der Fuchs übrigens eine besondere Jagdstrategie entwickelt. Er stellt sich tot und wartet, bis sie es vor Neugier nicht mehr aushalten und ganz nahe herankommen. Wenn er nun schnell genug ist, kriegt er sie.

Rehe für Notzeiten

Nur ganz junge Rehkitze, die noch nicht zur Flucht fähig sind, können vom Fuchs im Gras aufgestöbert und zu seinen Jungen in den Bau geschleppt werden. Ausgewachsene Tiere kann er nicht überwältigen, im Gegenteil, sie setzen sich sogar höchst aggressiv zur Wehr und schlagen den Fuchs in die Flucht. Nur wenn sie alt, krank oder verletzt sind, hat er eine Chance, ihrer habhaft zu werden. Meistens begnügt er sich mit den Überresten toter Rehe, und das weitgehend nur im Winter, wenn das Nahrungsangebot knapp ist. Dann wird er zum Aasfresser und scheut sich auch nicht, auf Bauernhöfen nach Abfällen zu suchen.

Gänsedieb Fuchs

Hühner, Gänse, Enten und das übrige liebe Federvieh sind so leicht zu erbeuten, daß der Fuchs sozusagen nicht widerstehen kann (→Der Fuchs im Hühnerstall, Seite 82). Bevorzugt »stiehlt« er sie während der Welpenaufzuchtszeit im Frühjahr. Das ist für ihn ökonomischer, da es sich mehr lohnt, ein größeres Beutetier zu den Jungen zu schleppen als entsprechend viele Mäuse. 1 kg Huhn entspricht etwa 50 Feldmäusen. Füchsinnen gehen sogar das Risiko ein, bei hellichtem Tag ein Huhn zu stehlen und damit übers Feld zu laufen, und das mehrmals hintereinander.

In der übrigen Zeit des Jahres bevorzugt der Fuchs, wie schon gesagt, Feldmäuse, denn diese kann er ganz hinunterschlucken. Getreu nach der Devise, was man im Magen hat, kann einem nicht mehr weggenommen werden. Bei größeren Beutetieren braucht er einfach mehr Zeit, um an die verwertbaren Teile heranzukommen. Vögel müssen zuerst gerupft, Hasen oder Rehen das Fell abgezogen werden. Während der Bearbeitung kann ein Konkurrent erscheinen und die Beute streitig machen. Größere Beutetiere sind außerdem weit weniger häufig als Mäuse, so daß auch der Aufwand für die Suche beträchtlicher wäre.

Obst ist wichtig

Die Sache mit dem Fuchs und den Trauben ist keineswegs nur eine Fabel. Wenn sie nicht zu sauer sind, frißt Reineke sie für sein Leben gern. Immer wieder erstaunt die Tatsache, daß der Fuchs, der bekanntlich zu den Raubtieren zählt, sich vor allem im Sommer und Herbst zum großen Teil auch von Früchten ernährt. Besonders versessen ist er auf süße Früchte wie Kirschen, Zwetschgen oder Mirabellen; in den Alpengebieten sind es Heidelbeeren.

Süße Früchte enthalten Kohlenhydrate, die am Aufbau von Fettreserven beteiligt sind. 500 g und mehr an Gewicht kann sich der Fuchs mit Hilfe von Obst für die kargere Winterszeit zulegen.

Beute auf Vorrat

In fetten Zeiten für magere vorsorgen. Nach diesem Prinzip geht auch der Fuchs vor. Ein größeres Tier, das er nicht auf einmal fressen kann, zerlegt er und versteckt die Teile an verschiedenen Orten. Aber auch mit einer Maus macht er das, wenn er nach erfolgreicher Jagd keinen Bissen mehr hinunterbringt.

Vorratskammern werden hauptsächlich da angelegt, wo der Fuchs leicht graben und seine

Daß der Fuchs einen Igel anpinkelt, um ihn zu »knacken«, gehört wohl ins Reich der Fabel.

Spuren wieder verwischen kann. Auf einem Acker zum Beispiel oder im Waldboden scharrt er ein etwa 10 cm tiefes Loch, legt die Beute hinein und drückt sie mit der Schnauze fest. Dann wird die Erde sorgfältig zurückgeschoben und festgeklopft. Auch Laub und was sonst noch an Material dort lag, kommt wieder an seinen Platz. Es ist erstaunlich, wie genau es Reineke damit nimmt, und wie bedacht er vorgeht, um keinerlei Spuren zu hinterlassen. Später stöbert er die Verstecke mit der Nase

Die unverwechselbare Spur eines schnürenden Fuchses.

auf (→Köpfchen bei der Futtersuche, Seite 30). Deswegen vergräbt er die Futterreste auch nicht so tief. Natürlich kriegen das auch Artgenossen oder andere Tiere, zum Beispiel Krähen und Elstern, die Aas lieben, mit und bedienen sich dann. Mit ungebetenen Gästen scheint unser Schlaufuchs aber zu rechnen und weiß sich auch zu helfen. Er legt nie einen großen Vorratshaufen an, sondern immer mehrere kleinere Verstecke. So bleibt doch das eine oder andere ungeplündert.

Parasiten und Krankheiten – unter was der Fuchs leidet

Der Fuchs ist in Europa Hauptüberträger der Tollwut, einer der schrecklichsten Krankheiten überhaupt, da sie bei Ausbruch immer zum Tode führt. Auch als Überträger des Fuchsbandwurms steht Reineke nicht in bestem Ruf. Im folgenden beschäftigen wir uns nur mit den häufigsten Parasiten und Krankheitserregern. Bei einigen Krankheiten weisen wir darauf hin, daß sie sich auch auf den Menschen übertragen können. Sie sollten unbedingt unsere Warnhinweise beachten.

Parasiten

Der Fuchs ist von einer Vielzahl äußerer und innerer Parasiten (griech. *parasitos* = Tischgenosse, Schmarotzer) befallen, die vorwiegend von seinem Darminhalt und seinem Blut zehren.

Bandwürmer (*Cestoda*): Beim europäischen Rotfuchs sind elf Arten bekannt. Er holt sie sich über die unterschiedlichsten Beutetiere, die als Zwischenwirte für die Larven oder Finnen fungieren. Für den Menschen gefährlich werden kann der sogenannte Kleine Fuchsbandwurm (→Seite 50).

Fadenwürmer (*Nematoda*): Dazu zählen Lungen-, Magen- oder Darmwürmer, die in den jeweiligen Organen ihr Unwesen treiben.

Saugwürmer (*Trematoda*): Sie befallen Dünndarm und Leber und werden vor allem über Fische, Schnecken, Frösche und deren Larven, die Kaulquappen aufgenommen.

Milben: Der Fuchs wird von den verschiedensten Milbenarten heimgesucht, darunter *Sarcoptes canis*, die die Fuchsräude hervorruft (→Seite 50).

Flöhe: Der Hundefloh (*Ctenocephalides canis*) zählt zu den häufigsten Fuchsbewohnern. Da er der Zwischenwirt für den Hundebandwurm ist, sollte man in Gebieten, wo es viele Füchse gibt, seinen Hund alle sechs bis zwölf Wochen entwurmen lassen.

Zecken: Sie treten vor allem im Frühjahr während der Jungenaufzuchtszeit stark auf und saugen sich vorzugsweise an den Körperstellen fest, die der Fuchs nur schwer erreichen kann.

Viruskrankheiten

Tollwut: Auf diese gefährliche Viruserkrankung gehen wir in einem gesonderten Abschnitt ein (→Seite 50).

Staupe: Diese meist tödlich verlaufende Seuche wütet besonders unter Jungfüchsen. Ihre Symptome sind entzündete Augen, Schnupfen, Hustenanfälle, Durchfall und Erbrechen, krampfartige Anfälle und Lähmungserscheinungen. Ein staupebefallenes Tier flieht den Menschen nicht, zeigt also ein ähnliches Verhalten wie bei der Tollwut. Nähern Sie sich ihm auf alle Fälle nicht und lesen Sie die »Schutzmaßnahmen gegen die Tollwut« auf Seite 51.

Fuchs-Encephalitis: Der Erreger dieser ansteckenden Gehirn-Rückenmarksentzündung ist mit dem Virus der ansteckenden Leberentzündung unserer Haushunde (*Hepatitis contagiosa canis, HCC*) identisch, das heißt, die beiden Tiere können sich gegenseitig über Kot und Harn anstecken. Symptome sind unter anderem Zwangsbewegungen und Lähmungserscheinungen, weshalb es zu Verwechslungen mit Staupe oder allgemein mit Vergiftungen kommen kann. Auf den Menschen ist sie nicht übertragbar.

Aujeszkysche Krankheit: Da sie hauptsächlich unter Wild- und Hausschweinen verbreitet ist, kann sich der Fuchs anstecken, wenn er an verseuchtes Schweinefleisch gerät. Eine Übertragung unter Artgenossen ist nicht möglich. Die Krankheit geht mit krampfartigen Anfällen und wie bei der Tollwut mit Speichelfluß einher. Deswegen wird sie auch Pseudowut genannt.

Selbst unter einer dicken Schneedecke kann der Eisfuchs einen Lemming ausmachen und ihn durch flinkes Nachgraben erwischen.

Bakterielle Infektionen

Leptospirose: Die Krankheit wird durch den Erreger *Leptospira interrogans* hervorgerufen und kann auch den Menschen befallen. Sie geht auf den Fuchs durch Ratten über und verläuft meist unter dem Erscheinungsbild der ansteckenden Gelbsucht (gelb verfärbte Mundschleimhaut, weiße Augenbindehaut). Da erkrankte Tiere den Erreger über den Urin ausscheiden, können Hunde sich durch Beschnuppern von Harnmarkierungen infizieren. Sie sollten also schutzgeimpft werden, schon allein deshalb, damit sie die Krankheit nicht auf den Menschen übertragen können (über Wunden und Schleimhäute). Tot aufgefundene Füchse vorsichtshalber mit Gummihandschuhen anfassen.

Fuchsbandwurm

Der Kleine Fuchsbandwurm (*Echinokokkus multilocularis*) ist ein Tierparasit, der dem Menschen sehr gefährlich werden kann. Bekämpft wird er mit einem Medikament, das dem Fuchs mit Hilfe eines Köders verabreicht wird (→Tollwutbekämpfung, Seite 52).

Lebenszyklus: Er verläuft als Kreislauf zwischen dem Fuchs als Endwirt und der Feldmaus als wichtigstem Zwischenwirt. Ein Fuchs kann in seinem Dünndarm viele tausende der winzigen, nur etwa 3 mm großen vier- bis fünfgliedrigen Bandwürmchen beherbergen, ohne daß ihm das viel ausmacht.

Mit dem Kot gelangen alle 14 Tage rund 300 Eier nach außen. Von der Feldmaus aufgenommen, bilden sich in ihr die Finnen. In ihnen entstehen weitere unzählige Bandwürmchen, die wieder im Darm des Fuchses landen, wenn er so eine Maus frißt.

Gefährdung des Menschen: Nimmt der Mensch die Eier oral auf, (durch Essen von Beeren oder durch Einatmen, wenn sie aufgewirbelt werden), kann auch er als Zwischenwirt von den Larven befallen werden. Sie setzen sich in den Organen fest, vor allem in der Leber, und zerstören sie. Ein schleichender Prozeß, der 10 bis 15 Jahre dauern kann und mit dem Tod endet. Denn da die Leber nicht schmerzempfindlich ist, wird die Krankheit (*Echinokokkose*) oft zu spät erkannt. Zum Glück ist der Mensch kein guter Zwischenwirt; oft sterben die Larven so früh ab, daß es zu keinen Wucherungen in der Leber kommt.

Vorsichtsmaßnahmen: Der Schwerpunkt liegt auf der Vorbeugung. Wer in Gebieten mit Fuchsbandwurm arbeitet (Holzarbeiter, Förster, Jagdaufseher), sollte sein Blut regelmäßig untersuchen lassen. Erlegte oder tot aufgefundene Füchse nur mit Gummihandschuhen und Atemmaske anfassen und in Plastiksäcken bei einer Tierkörper-Beseitigungsanstalt abliefern oder von ihr abholen lassen.

Außerdem rät der Fachmann allen Waldspaziergängern: Keine Grashalme in den Mund nehmen, Beeren und Waldfrüchte nur abgekocht essen (Tiefkühlen nutzt nichts), Hunde an der Leine führen, Hunde und Katzen alle sechs bis zwölf Wochen entwurmen lassen.

Tollwütige Füchse verlieren ihre Furcht vor Hunden und raufen mit ihnen. Da die Tollwut durch Bisse übertragen wird, sollten Haustiere obligatorisch schutzgeimpft sein.

Fuchsräude

Ein Fuchs, der von der Räude befallen ist, sieht ziemlich traurig aus: abgemagert, dünner Pelz, hie und da von einem dicken, trockenen Schorf bedeckte Hautstellen, haarloser Schwanz bis auf ein paar Haarpinsel am Ende.

Hervorgerufen wird dieser Zustand durch eine Milbe der Art *Sarcoptes canis*. Sie gräbt Gänge in die oberen toten Zellschichten der Haut, worauf diese mit einer Verdickung bis zu 1 cm reagiert. Die verhornten Zellschichten, in denen Eier, Larven und tote Weibchen lagern, jucken sehr stark. Entsprechend häufig kratzt sich der Fuchs, was zusätzlich Hautentzündungen hervorruft. Bei fortschreitender Räude wird das Tier immer dünner und verendet meist innerhalb von drei Monaten.

Die Milbe überträgt sich von einem Fuchs auf den anderen, etwa wenn diese aneinandergekuschelt im Bau liegen, und kann acht bis zehn Tage ohne Wirt in der Erde überleben.

Wenn Fähen Welpen versorgen, haben sie manchmal ein ähnlich abgerissenes Aussehen wie rändige Tiere. Der hormonell bedingte Haarausfall betrifft vor allem die Deckhaare, die jedoch bis spätestens Herbst wieder nachwachsen.

Vorsichtsmaßnahmen: Die Milbe kann auf den Menschen übergehen und bei ihm die Krätze hervorrufen. Deswegen sollten Sie tote Tiere, wenn es notwendig ist, nur mit Schutzhandschuhen anfassen und verbrennen. Noch besser ist es, sie einer Tierkörperbeseitigungsanstalt überantworten.

Tollwut

Schon vor 3500 Jahren war dem Menschen die Tollwut bekannt. Der Grieche Aristoteles beschrieb in seiner Naturgeschichte der Tiere, daß sie durch Bisse kranker Hunde übertragen werde. Im Mittelalter galten Wölfe, Füchse und Hunde in Europa als Hauptüberträger; heute ist allein an den Füchsen der traurige Ruhm hängengeblieben, für das immer erneute Aufflackern dieser schrecklichen Krankheit verantwortlich zu sein.

Der Erreger: Die Tollwut wird durch ein Virus verursacht, das einem Geschoß ähnelt. Da es außerhalb des Wirtes nicht überleben und auch die intakte Haut nicht durchdringen kann, muß die Übertragung direkt erfolgen. Dies geschieht durch Bisse, wodurch das im Speichel vorhandene Virus Eingang in den neuen Wirt findet. Dort gelangt es über die Nervenbahnen ins Rückenmark, breitet sich weiter im Gehirn aus und befällt die meisten Organe einschließlich der Speicheldrüsen.

Überträger: Hauptsächlich sind es Tiere mit scharfen Zähnen, also Raubtiere, unter ihnen vor allem die Hunde und ihre Verwandten, die zu den Überträgern zählen. Bei ihnen gehören Beißereien im Kampf und Spiel zu den normalen Verhaltensweisen. Da sie sich umso öfter beißen, je dichter sie beieinander wohnen, breitet sich das Virus auch immer schneller aus.

Zudem tragen Füchse durch ihre Wanderlust im Herbst zur weiteren Verbreitung bei. Dabei förderlich ist die lange Inkubationszeit, das heißt, die

Schutzmaßnahmen gegen die Tollwut

Normalerweise scheut der Fuchs die Begegnung mit dem Menschen, und die Gefahr, sich zu infizieren, ist dadurch relativ gering. Anders ist das bei der Tollwut, da diese Krankheit das Verhalten des Fuchses stark verändert. Sie sollten deswegen unbedingt nachfolgende Ratschläge beachten! Wenden Sie sich im Zweifelsfall an den Tierarzt oder an Ihren Hausarzt.

- *Nähern Sie sich auf keinen Fall einem Fuchs, der nicht vor Ihnen wegläuft, sondern entfernen Sie sich sofort.*
- *Merken Sie sich den Ort gut aufgrund von Anhaltspunkten (bestimmte Bäume, Wegkreuzung usw.), und benachrichtigen Sie umgehend Polizei oder Wildhüter, damit der tollwutkranke Fuchs möglichst rasch entfernt werden kann.*
- *Sollte der Fuchs angriffslustig werden, bewaffnen Sie sich sofort mit einem Stock. Die beste Methode ist, das Tier hineinbeißen zu lassen und davonzulaufen. Versuchen Sie auf keinen Fall, das Tier selbst totzuschlagen.*
- *Fassen Sie ein totes Tier nicht an, und wenn unbedingt nötig, dann nur mit Gummihandschuhen.*

Zeit zwischen der Ansteckung durch einen Biß und dem Ausbruch der Krankheit. Sie schwankt beim Fuchs zwischen drei und zwölf Wochen. So kann ein infizierter Jungfuchs das Virus weit fort in ein bis dahin tollwutfreies Gebiet bringen und es auf dortige gesunde Artgenossen übertragen.
Krankheitsbild: Infizierte Füchse verändern ihr Verhalten. Bei der »rasenden Wut« werden sie unruhig und beißfreudig, verlieren ihre Scheu, vor Mensch und Tier, dringen in menschliche Siedlungen ein und lassen sich auf Raufereien mit Hunden ein. Sie verbeißen sich in Gegenstände, der Speichel fließt verstärkt, manches Tier stößt ein Bellheulen aus.
Die »stille Wut« verursacht Apathie, das Tier verkriecht sich und geht am Ende ein. Zuletzt treten bei beiden Formen Lähmungen der Hinterläufe auf, und das Tier verendet schließlich an Atemlähmung.
Tollwutkranke Füchse laufen nicht gezielt zu anderen Tieren, um sie zu beißen. Es liegt eher an deren Verhalten, wenn sie infiziert werden. Gesunde Füchse greifen kranke an, weil sie in ein fremdes Territorium eingedrungen sind. Rehe wehren sich gegen Füchse, und die suchen dann gewöhnlich das Weite. Ein tollwutkranker Fuchs hingegen läuft nicht fort, sondern beißt zu. Und Rinder werden gebissen, weil sie von Natur aus neugierig sind und ganz nahe an ein krankes Tier herankommen.
Tollwutbekämpfung: Um die Tollwut auszurotten, wandte man gegen den Fuchs als den Hauptüberträger alle möglichen Bekämpfungsmethoden an. Damit wollte man das Abreißen der Infektionskette erreichen. Doch weder das Begasen der Baue, noch das Auslegen von Gift oder sonstige Mittel hatten den gewünschten Effekt. Fast jede andere Tierart wäre nach diesem gnadenlosen Vernichtungsfeldzug nicht mehr vorhanden gewesen, der Fuchs indes hat dank seiner Überlebensstrategie (→Seite 34) widerstanden.

Zwei Füchse, die an die Wüste angepaßt sind: Kamafuchs (oben) und Fennek (unten).

Eine wirksame Bekämpfung erzielte man erst durch die Schluckimpfung à la Fuchs. Man praktiziert den Impfstoff in sogenannte Fleischpellets (früher waren es Hühnerköpfe) und legt diese an strategisch günstigen Stellen aus. Werden etwa 60 Prozent der Köder gefressen, genügt das zur Eindämmung der Seuche. Auf diese Weise ist die Schweiz heute fast tollwutfrei, ebenso weite Teile Deutschlands, andere Länder ziehen nach. Da diese Methode aber sehr teuer ist und sich in unzugänglichen Gegenden das Auslegen der Köder sehr schwierig gestaltet, ist in Sachen Tollwut leider noch nicht das letzte Wort gesprochen.

Nur in Nordamerika beheimatet: der Graufuchs.

Ursprung – Was der Fuchs mit dem Hund gemeinsam hat

Der Fuchs gehört zur Ordnung der Raubtiere oder *Carnivora*, wie ihr zoologischer Name lautet. Übersetzt heißt das Fleischfresser, ein etwas verwirrender Begriff, denn auch unter den Carnivoren gibt es solche, die Pflanzenkost bevorzugen – zum Beispiel der Pandabär.

Eines jedoch ist allen Raubtieren gemeinsam: ein Gebiß, in dem der vierte vordere Backenzahn im Oberkiefer und der erste hintere Backenzahn im Unterkiefer als Reißzähne entwickelt sind. Sie wirken beim Abbeißen zusammen, da sie aufeinander passen, und können so zähes Muskelfleisch zerschneiden.

Ein solches Gebiß besaßen auch schon die Altraubtiere (*Miacidae*), kleine bis mittelgroße, langschwänzige Tiere, die vor etwa 50 Millionen Jahren zum ersten Mal auftraten. Aus ihnen entwickelten sich unsere heutigen Raubtiere, die sich in neun Familien einteilen: Marder, Kleinbären, Pandas, Hyänen, Schleichkatzen, Erdwölfe, Katzen und Hunde.

Der Ursprung der Hunde (*Canidae*) lag in Nordamerika, wo sie sich vor etwa 38 Millionen Jahren im wesentlichen entfalteten. Doch erst nach ihrer Verbreitung auf dem südamerikanischen und eurasischen Kontinent kam es zur Entstehung der verschiedenen Arten, zum Beispiel Wölfe, Afrikanische Wildhunde, Kojoten, Schakale und die Füchse. Die Fuchslinie spaltete sich vor etwa 12 Millionen Jahren von der Wolfslinie ab und »ging« ihre eigenen Wege. Und die führten in manchen Bereichen des Verhaltens und der Lebensweise mehr zu den Katzen hin als zu den Hunden. Haben diese sich auf große und wehrhafte Tiere spezialisiert, die sie in der Meute zu Tode hetzen, macht der Fuchs Jagd auf kleine und leicht zu überwältigende Beute (→Der Körper – an die Umwelt angepaßt, Seite 40). Füchse und Hunde können sich auch nicht kreuzen, da sie nicht die gleiche Zahl von Chromosomenpaaren besitzen (Füchse 34 bis 38 Paare, Haushunde 78).

Säugetier Fuchs: 7 Wochen lang werden die Jungen von der Fähe gesäugt.

Einige Fuchsverwandte

Dennoch sind Füchse Caniden und haben mit ihren Verwandten vieles gemeinsam: zum Beispiel ein aus 42 Zähnen bestehendes Gebiß, lange, schlanke Beine, die sie zu schnellem Laufen befähigen, einen langen, buschigen Schwanz, große Stehohren und unbewegliche, relativ stumpfe Krallen.

Wolf: Er ist der größte unter allen Wildhunden und für den Menschen von besonderer Bedeutung, weil aus ihm der Haushund hervorgegangen ist. Früher war der Wolf aufgrund seiner enormen Anpassungsfähigkeit an Klima, Bodenbeschaffenheit und Pflanzenwuchs sehr weit verbreitet; heute gibt es größere Wolfsrudel infolge der gnadenlosen Ausrottung durch den Menschen nur noch im asiatischen Rußland, in Alaska und Kanada, dazu ein paar Restbestände in einigen anderen Ländern. Da er kein Kulturfolger ist, wird sein Lebensraum durch die Ausdehnung menschlicher Siedlungen immer mehr eingeengt.

Wölfe leben und jagen im Rudel, da sie sich auf Beutetiere (Elch, Hirsch, Wildschaf, Ren) spezialisiert haben, die ein Wolf allein nur schwer töten könnte. Dafür entwickelten sie eine Jagdstrategie mit Arbeitsteilung: Sie nähern sich ihrer Beute ganz offen, hetzen sie über lange Strecken, wobei sie sich abwechseln, und töten sie dann gemeinsam. Der Lohn dafür ist soviel Fleisch, daß alle satt werden. Ein solches Rudelleben erfordert eine strenge Rangordnung, damit es funktioniert. Dabei kann sowohl ein Männchen als auch ein Weibchen an der Spitze stehen.

Kojote oder Präriewolf: Er lebt weit verbreitet auf dem nordamerikanischen Kontinent. Im Gegensatz zum Wolf ist er Kulturfolger und ernährt sich hauptsächlich von Kleintieren, Aas und Abfällen. So ist er als »Abfallbeseitiger« von großem Nutzen. Kojoten jagen zu zweit oder in kleinen Rudeln; Paare halten ein Jahr, manchmal ein ganzes Leben lang zusammen und ziehen jeweils bis zu sieben Junge auf.

Schakal: Es gibt drei Arten, die sich durch ihre Fellfarbe unterscheiden, den Goldscha-

kal mit rost/gold- bis graufarbenem Deckhaar, den Schabrackenschakal, dessen schieferfarbener Rücken sich wie eine Schabracke scharf vom rostroten Bauch abhebt, und den Streifenschakal, der seitlich jeweils einen schrägen, mehr oder weniger scharf abgesetzten hellen Streifen trägt. Schakale hängen sich gerne ins Schlepptau von Großkatzen und warten geduldig, bis etwas von deren Tisch abfällt. Vor der abendlichen Jagd rufen sie sich gewöhnlich mit dem sprichwörtlich gewordenen »Schakalheulen« zusammen.

Dingo: Keine Wildhundart, sondern ein verwilderter Haushund, der in Australien lebt und dorthin wahrscheinlich mit den Ureinwohnern kam. Er ist gelbrot, aber auch gescheckt oder dunkel und ernährte sich vor Einführung der Schafzucht und der Kaninchen hauptsächlich von Känguruhs.

Füchse in aller Welt

Die Echten Füchse (*Vulpes*) leben heute weit verbreitet in Nordamerika und Europa, im größten Teil Afrikas und in weiten Teilen Asiens einschließlich Japan. Im Norden stoßen sie bis zur Polargrenze vor, im Süden bis zum Kapland. Auch in Australien konnten sie bis auf die Nordregion überall Fuß fassen, nachdem man dort um 1850 herum von England aus Füchse importiert hatte.

Die Gattung Vulpes umfaßt insgesamt 9 Arten: die eurasiatisch-nordamerikanischen Rotfüchse, die nordamerikanischen Kitfüchse und die afrikanischen Großohrfüchse.

Rotfüchse

Rotfuchs (*Vulpes vulpes*): Er ist die »Hauptfigur« in diesem Buch und muß hier nicht extra beschrieben werden. Es gibt ihn mit bis zu 40 (nicht gesicherten) Unterarten in Europa, Nord- und Mittelasien sowie Nordamerika.

Tibetfuchs (*Vulpes ferrilatus*): Lebt in Nepal und Tibet auf Hochflächen von mehr als 4000 m und hat einen besonders dichten Pelz.

Bengalfuchs (*Vulpes bengalensis*): Sein Verbreitungsgebiet ist Vorderindien und Assam. Er ist nicht sehr scheu und wird gern auch als Hausgenosse gehalten.

Afghanfuchs (*Vulpes canus*): Auffallend sind seine 9 cm langen und spitzen Ohren, die an die Großohrfüchse erinnern (→Seite 56). Lebt in Afghanistan und in benachbarten Gebieten.

Kitfüchse

Unter diesem Namen faßt man zwei nordamerikanische Arten zusammen, den Swift-Fuchs (*Vulpes velox*) und den Großohr-Kitfuchs (*Vulpes macrotis*). Kitfüchse gehören auf Kurzstrecken zu den schnellsten Raubtieren. Daher auch der Name Swift-Fuchs von engl. swift = flink, schnell. Auf der Flucht laufen sie so im Zickzack, daß das menschliche Auge ihnen nicht folgen kann. Wegen ihrer großen Ohren werden sie oft mit den Großohrfüchsen verwechselt.

Großohrfüchse

Kamafuchs (*Vulpes chama* →Foto, Seite 52 oben): Dieser reizende Kleinfuchs ist mit seiner silbergrauen, an Kopf und

Markieren durch Reiben an Gegenständen ist eine Verhaltensweise, die von allen Füchsen und ihren Verwandten gepflegt wird.

Beinen blaßgelben Färbung den Wüsten und Trockenlandschaften des südlichen Afrikas hervorragend angepaßt. Tagsüber hält er sich unter Felsen oder in selbstgegrabenen Sandhöhlen auf. Die Eingeborenen schätzen sein Fleisch und verarbeiten seinen Pelz zu Kappen.

Rüppellfuchs (*Vulpes rueppelli*): Zimtfarben bis silbergrau, langer, sehr buschiger Schwanz; wohnt in den Steinwüsten von Nordafrika, Südarabien, Iran und Afghanistan.

Der Fuchs nutzt gern den Bau eines Dachses, der mit seinen kräftigen Krallen viel besser im Erdreich graben kann.

Blaßfuchs (*Vulpes pallidus*): Wie schon sein Name sagt, ist dieser Steppenbewohner des nördlichen und westlichen Afrika blaß sandfarben und dadurch perfekt an seine natürliche Umgebung angepaßt.

Eis- oder Polarfuchs

Eines der wenigen Landsäugetiere, die sich in den Eiszonen der Erde wohl fühlen, ist der Eisfuchs (*Alopex lagopus*) (→Fotos, Seite 10, 11, 23 und 49). Er lebt in den nördlichen Polargebieten und bildet zusammen mit dem Steppenfuchs eine eigene Gattung, die zwischen den Hundeartigen und den Echten Füchsen steht. Kennzeichnend für seine Art sind die im Winter dicht behaarten Pfoten, die ihm zu seinem Namen verholfen haben (*lagopus* = der Hasenfüßige).

Der Eisfuchs ist kleiner als unser Rotfuchs, hat eine kürzere Nase und viel kürzere abgerundete Ohren. Er tritt in zwei verschiedenen Farbschlägen auf, die man nach dem Aussehen der Wintertracht »Weißfuchs« und »Blaufuchs« nennt. Der Weißfuchs ist im fertigen Winterkleid einfarbig weiß mit einigen wenigen schwarzen Haaren an der äußersten Spitze des Schwanzes. Der Blaufuchs kommt im Winter in mehreren Farbvarianten vor – von fast schwarz und stahlblau bis kastanienbraun und hellgrau. Neugeborene Eisfüchse sind alle mausgrau und wechseln erst später ihre Farbe.

Der Eisfuchs frißt neben Aas und Meerestieren vor allem Lemminge. Im Winter, wenn es wenig Nahrung gibt, sieht man ihn meist in Gesellschaft des Eisbären, um von dessen Tischabfällen zu zehren. Er hat auch keine Scheu, menschliche Siedlungen aufzusuchen, und kann äußerst frech und zudringlich werden.

Wüstenfuchs und Graufuchs

Fennek oder Wüstenfuchs (*Fennecus zerda* →Foto, Seite 52 unten): Er ist der kleinste aller Wildhunde und mißt von der Nase bis zum Schwanz nur etwa 40 cm. Dafür sind seine Ohren mit mehr als 15 cm die längsten von allen Füchsen.

Fenneks sind bildhübsche Tiere. Sie haben ein weiches, cremefarbenes Fell, das sie nachts vor der Kälte der nordafrikanischen Wüsten schützt. Sie fressen Heuschrecken, Eidechsen, Nager und Pflanzen. Wasser können sie für lange Zeit entbehren.

Graufuchs (Gattung *Urocyon* →Foto, Seite 53): Fuchsähnlich, aber nicht mit Echten Füchsen verwandt, ist der nordamerikanische Graufuchs. Mit Geschick erklettert er sogar senkrecht stehende Baumstämme. Seine Schlupfwinkel sucht er sich zwischen Felsen, in hohlen Bäumen und ähnlichem. Es gibt zwei Arten, den Insel-Graufuchs und den Festland-Graufuchs.

Wenn die Zwetschgen süß sind, frißt sie der Fuchs für sein Leben gern. ▶

DAS JAHR DES FUCHSES

Brand, der Rotfuchs, liegt in seiner Mulde und spitzt die Ohren. Selbst im Schlaf noch ortet er jedes Geräusch und prüft es auf seine Unverdächtigkeit.

Auf den ersten Blick war an dem Platz nichts Besonderes. Man gelangte zu ihm hin, wenn man den Weg, der spitzwinklig von der Straße abbog und sich am Waldrand entlangzog, nach etwa hundert Metern verließ und sich zwischen die schütter stehenden Bäume schlug. Es hatte geschneit, doch die Schneedecke war noch zu dünn, um Laub, dürres Geäst, Moospolster und Grasbüschel gänzlich einzuebnen. So war das Weiß unregelmäßig gezeichnet von Linien und Flecken, zwischen denen die Spuren kaum zu sehen waren. Sie zogen sich wie auf einer Schnur aufgereiht dahin, umrundeten eine kleine Bodenwelle und verschwanden in einem dichten Gestrüpp aus Buschwerk und jungen Fichten.

Kein besonderer Platz, wie gesagt, und gerade deswegen bestens geeignet für Brand, den Rotfuchs, um dort den Tag zu verbringen. Er lag mit geschlossenen Augen zusammengeringelt in einer Mulde, den Kopf auf das weiche Kissen seiner Lunte gebettet. Doch die Ohren waren gespitzt und nach der Seite gedreht, um selbst im Schlaf jedes Geräusch zu orten und auf seine Unverdächtigkeit hin zu prüfen.

Zwei Spaziergänger näherten sich. Schon von weitem hörte man ihre Stimmen und

das Knacken der Zweige unter ihren Füßen. Sie gingen ziemlich dicht an Brands Versteck vorbei, doch der blinzelte nur einmal kurz, sozusagen in der Gewißheit, hinter dem Vorhang aus Ästen, Nadeln und Zweigen vor Entdeckung geschützt zu sein.
Ein neues Geräusch wurde hörbar, ein feines Scharren, Kratzen und Knacken, dazu eine kaum merkliche Bewegung, ein flinkes Huschen den einen Baumstamm hinunter und den nächsten wieder hinauf. Der Fuchs hob den Kopf und lauerte nach oben. Doch das Eichhörnchen war zu weit entfernt, als daß sich die Mühe des Anschleichens gelohnt hätte. Brand gähnte gelangweilt mit weit aufgerissenem Maul und zeigte seine prachtvollen Zähne.
Da erfaßte sein scharfes Gehör einen anderen Laut, das Trippeln von Mäusepfötchen unter der dünnen Schneedecke. Brand erhob sich und schlüpfte lautlos aus seinem Versteck. Mit nach vorne gestellten Ohren drehte er den Kopf hin und her und versuchte zu orten, woher das Geräusch kam. Langsam rückte er mit den Hinterpfoten ganz nahe an die Vorderpfoten, jede Faser seines Körpers gespannt auf diesen einen Punkt gerichtet. Nur seine Schwanzspitze führte ein aufgeregtes Eigenleben. Nun sprang der Fuchs, hing mit gerundetem Rücken einen Augenblick in der Luft und fiel mit beiden Vorderpfoten auf seine Beute hinunter. Ein letztes Mal quiekte die Maus, dann schluckte Brand sie mit Haut und Haaren hinunter.

Winterleben

Jetzt, da Brand sich aus seinem Versteck gewagt hatte, konnte man sehen, was für ein schöner und stattlicher Kerl er war. Er stand da in einer anmutigen Haltung,

mit gerecktem Kopf, eingerolltem Schwanz und etwas angehobener Pfote, so als sei ihm aus der Vielfalt der Geräusche ein neuer, verheißungsvoller Laut ans Ohr gedrungen.
In den kalten Herbsttagen hatte er sich ein reiches Pelzkleid zugelegt. Die feinen Haare waren lang und dicht gewachsen und zogen sich so flammend rot über Kopf, Rücken und Schwanz, daß leicht einzusehen war, warum er den Namen Brand trug. Dagegen setzte sich das Weiß rechts und links der zugespitzten Schnauze hell und scharf ab. Auch Brustlatz und Bauch waren weiß und die Spitze der prachtvoll behaarten Lunte. Leuchtend gelb funkelten die Augen, darin sich die Pupille im Tageslicht zu einem schmalen senkrechten Sehschlitz verengt hatte.
Doch schon verwischte sich das Bild. Brand, der Schönheit seines Anblicks vollkommen unbewußt, setzte sich in Bewegung. Langsam zog er seine schnurgerade Spur, wobei er mit der Hinterpfote genau in den Abdruck der entgegengesetzten Vorderpfote trat. Da und dort hielt er an und sprang nach einer Maus, die er nie verfehlte. Auch

knabberte er an Beeren, die noch vereinzelt an dem einen oder anderen Strauch hingen. Doch sie waren wohl nicht mehr süß genug, denn nach einigen Versuchen ließ er davon ab.
Brand lebte nach Art der Füchse allein. Zum Schlafen suchte er sich solche Plätze, wo er, gewärmt von seinem dicken Pelz und seinem molligen Schweifkissen, Schutz vor der Kälte fand und seine immer wachen Sinne ihn rechtzeitig vor Gefahren warnten. Meist verschlief er den ganzen Tag und machte sich erst nachts auf Beutefang.

Auf Streifgang

Zu dieser Jahreszeit setzte die Dämmerung schon früh ein. Brand trottete, seiner Gewohnheit gemäß, gegen den Wind und wandte sich schnuppernd und lauschend allen Plätzen zu, die Jagdglück verhießen. Am liebsten war er unterwegs, wenn Mond und Sterne leuchteten oder, wie jetzt im Winter, der Schnee glitzerte. Dieses Zwielicht war gerade richtig für ihn, denn wenn er auch viel besser als der Mensch sehen konnte, so brauchte er doch ein wenig Helligkeit, um sich den Weg durch Wald und Flur nicht nur zu ertasten.

An erhöhten Stellen wie Baumstümpfen oder Steinen blieb er stehen und kontrollierte, ob ein anderer Fuchs seine Visitenkarte hinterlassen hatte, worauf er dann selbst das Bein hob und darübermarkierte. Scheinbar ziellos durchstreifte er die Gegend, doch das sah nur so aus. Brand tat, was alle erwachsenen Füchse tun. Er trabte sein Revier ab.
Als nach einigen Stunden sein Bauch noch immer knurrte, beschloß er, den Abfall auf dem nächsten Bauernhof nach Eßbarem zu durchsuchen. Im Schleichgang näherte er sich dem Gehöft. Zwar wußte er, daß der Hund an der Kette lag, aber er wollte nicht unnötig seine Aufmerksamkeit erregen.
In diesem Augenblick zerriß ein rauhes, schrilles Gebell die Luft. Das war nicht die bekannte Stimme. Sollte sich der Bauer einen neuen Hund angeschafft haben, der noch dazu frei herumlaufen durfte? Beim ersten Laut hatte Brand kehrt gemacht, doch das anschwellende Gekläff sagte ihm, daß der Hund seine Spur aufgenommen hatte.
Brand sauste über mehrere Äcker, aber da war nirgendwo eine Deckung, und der Hund holte immer dichter auf. Nur ein Baum stand mitten in der flachen Landschaft. Er neigte sich etwas schräg, und Brand, der in vollem Lauf auf ihn zurannte, kletterte in seiner Not einfach an ihm hoch. Erschöpft ließ er sich am Ende eines starken Astes nieder, während dem Hund nichts weiter übrig blieb, als eine Zeitlang wütend zu ihm hoch zu bellen und sich dann unverrichteter Dinge zu trollen.

Brand findet eine Gefährtin

Der Dezember war in den Januar hinübergeglitten, es hatte noch einmal tüchtig geschneit, und Brand wurde von einer unbekannten Sehnsucht getrieben. Ihn, der bis dahin seine Einsamkeit nicht gefühlt hatte, lüstete es nach Gesellschaft. Manchmal setzte er sich still hin, nur um dem Gebell eines Hundes zu lauschen. Immer wieder stieß er auch selbst ein klagendes Bellen aus, das er von einem Hügel aus dem Mond entgegensandte.

Wieder einmal saß er da mit diesem seltsamen Gefühl in sich. Da trug ihm die Nachtbrise einen Geruch zu, der ihn augenblicklich in Spannung versetzte. Sofort sprang Brand auf, um der Sache auf den Grund zu gehen. Es dauerte nicht lange, da hatte er die Spur gefunden. Es war ein anziehender Duft, der ihm in die Nase drang, und je weiter er auf der Fährte vorankam, desto untrüglicher wußte er, daß seine vage Sehnsucht endlich ihr Ziel gefunden hatte: eine Füchsin.

Bald darauf war er ihr dicht auf den Fersen und sah vor sich eine Schwanzspitze wippen, die so flaumig und weiß wie frischgefallener Schnee aussah. Er wollte daran schnuppern, da wandte die Füchsin sich um und schnappte nach ihm. Er wich aus, schnappte jedoch nicht zurück, wie er es bei jedem anderen Fuchs getan hätte. Die Füchsin lief weiter, und nun versuchte er, neben ihr zu laufen. Jetzt blieb Feh stehen und riß drohend das Maul weit auf. Sie war ein feines, zierliches Tier, doch sie ließ sich nicht einschüchtern. Beschwichtigend bot Brand ihr seinen Hals dar, was unter Füchsen heißt: Ich tu dir nichts, tu du mir auch nichts. Feh beruhigte sich, doch zu nahe wollte sie sich diesen

Verehrer vorerst nicht kommen lassen. Unvermittelt tauchte aus der Dunkelheit ein dritter Fuchs auf, der sich ganz ungeniert Feh von hinten näherte und an ihr zu riechen versuchte. Böse ging Brand auf den Nebenbuhler los, worauf sich der andere mit gefletschten Zähnen gegen ihn stellte. Einen kurzen Moment musterten sie sich drohend. Dann stürzten sie sich aufeinander und rauften eine Weile. Schließlich lag der Nebenbuhler auf dem Boden. Brand stand über ihm, tat ihm aber nichts, weil der andere sich flach auf die Erde drückte. Feh benutzte die Gelegenheit und lief davon. Sofort ließen die beiden Nebenbuhler voneinander ab und folgten ihr, nicht ohne sich immer wieder wütend zu bedrohen.

Erneut blieb Feh stehen und wandte sich abwehrend gegen ihre Verfolger. Dabei war sie ein kleines Stück näher an Brand herangerückt. Das änderte die Situation. Unvermittelt stand nicht mehr jeder dem anderen gegenüber, sondern einer gegen zwei. Da wußte der Rivale, daß er verloren hatte. Kurz bleckte er die Zähne, dann kniff er mißmutig seinen Schwanz zwischen die Beine, drehte sich um und verschwand in der Dunkelheit.

Damit hatte Brand das Spiel allerdings noch nicht gewonnen. Es bedurfte zwei Wochen intensiven Werbens, bis die Spröde überzeugt war, auch wenn sie sich längst für ihn entschieden hatte. In dieser Zeit folgte er Feh auf Schritt und Tritt und ließ sie keine Sekunde aus den Augen. Immer öfter saßen sie jetzt nebeneinander, beknabberten ihren Pelz oder leckten sich zärtlich über das Gesicht. Diese Liebkosungen festigten ihr Gefühl der Zusammengehörigkeit. Schließlich war es soweit, und die Hochzeit konnte vollzogen werden.

Frühling am Buchenhügel

Feh und Brand blieben beieinander. Zusammen durchstreiften sie das Gebiet, das Brand bis dahin als alleiniger Besitzer verteidigt hatte. Mit schmelzender Schneedecke vermehrte sich das Nahrungsangebot. Zu den Mäusen, die auf der Speisekarte an erster Stelle standen, kamen Kaninchen, die sich abends auf der Wiese tummelten und am hervorspitzenden Gras knabberten. Einmal fanden die Füchse einen Hasen, der auf der Straße tot gefahren worden war. Und hin und wieder statteten sie in den umliegenden Gehöften ihren Besuch ab und holten sich ein schlafendes Huhn von der Stange. Sie gingen dabei mit solcher Heimlichkeit und Vorsicht zu Werke, daß das übrige Federvieh selten aufwachte oder höchstens ein träumerisches »gok« von sich gab.

Als das Rauschen der Bäche anschwoll, als an den braunen Hängen das Blau der Leberblümchen hervorspitzte und sich zum Gehämmer der Spechte das Trillern der Feldlerche gesellte, wurde Feh zunehmend unruhiger. Ständig war sie auf der Suche, und Brand trottete ergeben hinterher.

Einmal kamen sie zu einem bewaldeten Hügel, der sich an eine große Wiese anschloß. Am Rande wuchsen hauptsächlich Buchen, weiter oben waren Fichten aufgereiht. Zwischen den grauen Stämmen, die nicht zu nahe beieinander standen, wucherte dichtes Unterholz. Hie und da war das rostbraune Laub vom Wind zu großen Haufen zusammengetragen worden.

An einer etwas steileren Stelle unterhalb eines mächtigen Baums, dessen Wurzelwerk halb aus der Erde ragte, öffnete sich ein Loch. Feh näherte sich im Zickzack und schnüffelte hierhin und dorthin. Aufmerksam beroch sie jedes Blatt und jeden Zweig, scharrte im Laub, steckte ihren Kopf in die Höhle und verschwand schließlich darin. Kurz darauf kehrte sie wieder und zeigte sich befriedigt. An dem alten Dachsbau, den sie

sich schon im letzten Herbst gesucht hatte, schien sich in der Zwischenzeit nichts verändert zu haben.
Schön weiträumig war er, mit einem langen Gang, der nach abwärts führte in eine erste Kammer, wieder empor zu einer zweiten etwas kleineren Kammer, von wo aus ein anderer Tunnel sich aufwärts wandte und gut getarnt unter einem Busch im Freien landete.
Viel war daran nicht mehr zu tun. Brand, der bei der genauen Inspizierung Wache gehalten hatte, half ein bißchen mit, die Gänge zu säubern und heruntergebröckeltes Erdwerk zu entfernen. Als die Dämmerung heraufkroch, waren sie fertig und konnten sich in ihrer neuen Wohnung gleich zur Ruhe legen.
Am nächsten Abend, als der Buchfink seine letzte Strophe mit einem melodischen »woidhja« beschloß, schlüpfte Feh aus dem Bau und besah sich noch einmal aufmerksam ihre nähere Umgebung. Sie merkte sich jeden Vorsprung, jeden Grasbüschel und jeden Stein, entdeckte etwas weiter abwärts eine kleine Quelle, an der sie ein wenig leckte und kehrte dann zum Eingang zurück, wo Brand geduldig auf sie wartete.
Wenn sie jetzt von der Jagd zurückkehrten, ließen sie äußerste Vorsicht walten. Niemand sollte sehen, daß sie die Höhle bezogen hatten. Sie machten das nicht bewußt. Es war ihr Instinkt, der sie so handeln ließ, zu ihrem Schutze und zu dem ihrer Kinder.

Familie Fuchs

Die Leberblümchen waren verblüht. Nun kamen Buschwindröschen und Seidelbast, Himmelsschlüssel und Finger-Zahnwurz zum Vorschein. Aus Februar war März geworden, und bei Feh war eine Veränderung eingetreten. Sichtbar hatte

sie an Umfang zugenommen, bewegte sich aber deswegen nicht minder geschmeidig als vorher. Anders indessen wurde das Verhalten der Füchsin zu Brand. Auf einmal paßte es ihr nicht mehr, wenn er ihr in die Höhle folgen wollte. Böse wandte sie sich um und zeigte ihm die Zähne, sobald er sich in ihre Nähe wagte.
Brand respektierte die Veränderung und hielt sich fern. Feh lag jetzt oft auch tagsüber vor dem Eingang des Baus, genoß die warmen Strahlen der Frühlingssonne und horchte, was in ihrem Leib vor sich ging. Und eines Tages, als der April in seinen ersten launischen Zügen lag, war es so weit. Die Füchsin zog sich in die große Kammer zurück, wo es trocken war, und brachte nacheinander fünf Welpen zur Welt. Nachdem sie sie sauber geleckt hatte, bettete sie die Kleinen liebevoll in ihr Fell, damit sie nicht auf dem nackten Boden liegen mußten. Dort hatten sie es wunderschön warm und die Milchquelle dicht vor ihren winzigen rosa Schnäuzchen.
Viel war an den Füchslein nicht dran. Sie sahen eher wie Maulwürfe aus, mit

ihrem flaumigen dunklen Pelz und den geschlossenen Augen. Kaum daß die Öhrchen seitlich hervorspitzten. Doch für Feh spielte das keine Rolle. Ihr schienen es die schönsten Kinder auf der Welt, und sie umgab sie mit der ganzen Fürsorge, deren ein Tier fähig ist.

In der ersten Zeit verließ sie selten den Bau. Sie hätte auch gar kein Bedürfnis gehabt, nach draußen zu gehen und fern von ihren Kindern zu jagen. Hin und wieder schlüpfte sie schnell zur Quelle, um ein wenig zu trinken. Dabei fand sie vor dem Eingang auch immer etwas zu fressen, ein Bündel frisch getötete Mäuse, ein halbes Kaninchen, ein Hühnerbein. Sie fraß sie, denn um ihre Jungen zu säugen, mußte sie stark und kräftig bleiben. Ein- oder zweimal sah sie in der Nähe der Quelle Brand ins Laub gekauert. Da er sich nicht rührte, kümmerte sie sich nicht um ihn und ging ruhig ihrer Wege.

Wenn sie ins Nest zurückkehrte, fand sie die Kleinen jedesmal in einem dichten Knäuel auf dem blanken Boden zusammengekuschelt. Kaum hörten sie ihre Mutter, fingen sie zu wimmern an und krochen auf sie zu. Sofort leckte sie sie von oben bis unten ab, ringelte sich dann um sie herum und schubste sie mit der Schnauze sanft zu ihren Zitzen hin. Das zufriedene Schmatzen drang bis zu dem Ast hinauf, auf dem gerade wieder einmal der Buchfink sein »zizizizijezjezjazjazja« schmetterte.

Vierzehn Tage später öffneten die Jungen ihre Augen. Inzwischen fiepten sie weniger kläglich, wenn die Mutter wegging. So nahm Feh wieder ihr normales Jägerleben auf, kam jedoch in regelmäßigen Abständen zur Höhle zurück, um die Welpen zu säugen. Jetzt vertrieb sie auch Brand nicht mehr, und der erwies sich als guter Vater.

Wenn die Eltern fort waren, lagen die Füchslein nicht mehr nur eng aneinandergedrängt. Mit der Dichte ihrer Pelzröckchen war auch ihr Tatendrang gewachsen. Sie versuchten die ersten Schritte zu machen, auch wenn ihre Beine noch zu kurz waren, um die dicken Bäuchlein hochzuhalten. Sie tapsten nach ihren Schwänzchen und zogen sich gegenseitig am Fell oder an den Ohren. Noch kugelten sie um, ließen sich's aber nicht verdrießen, immer wieder von neuem Anlauf zu nehmen.

Als die Milchzähnchen kamen, brachten ihnen die Eltern Fleischstückchen, an denen sie saugten und nagten. Dabei versuchten sie, sich gegenseitig die Brocken wegzunehmen. Denn in dieser Zeit wurde darum gekämpft, wer der Stärkste im Wurf war. Wie kleine Teufel stürzten sie sich aufeinander, und trotz aller Tolpatschigkeit steckte darin schon die gleiche Verbissenheit, mit der sie auch später als Erwachsene jeden Kampf ausfechten würden. Nach einer Woche stand fest, daß der älteste auch der kräftigste Raufbold war.

Die Welt draußen

Als sie etwa einen Monat alt waren, wagten sich die Füchslein zum ersten Mal aus dem Bau hinaus. Vorher hatten sie Erkundungsgänge in den Röhren gehalten und geübt, wie das ist, sich vom Vertrauten zu entfernen. Sie waren sogar bis zum Ausgang gekrochen und hatten mit Angst im Herzen wahrgenommen, daß draußen eine Welt lag, die in ein schmerzendes Licht getaucht und voller verwirrender Gerüche und Laute war. Sie lockte, diese neue Welt, doch die Jungen trauten sich nicht, den Bau zu verlassen.

Eines Abends ermunterte Feh sie, hinter ihr her ins Freie zu kriechen. Als alle draußen waren, legte sie sich mit aufmerksam gespitzten Ohren hin, leckte ab und zu einem Jungen, das zu ihr hinwatschelte, übers Gesicht und paßte auf, das sich keines zu weit entfernte.

Zuerst saßen die Kleinen furchtsam da und schreckten bei jedem Geräusch zusammen. Aber dann erwachte ihre Neugier, und sie tapsten hierhin und dorthin. Nichts entging ihrem Interesse: Steinchen, Blätter, Zweige, Gräser, Äste. Alles wurden beschnüffelt, benagt und geschüttelt. Jedem Laut wandten sie ihre Aufmerksamkeit zu, um sich ebenso rasch wieder von etwas Neuem ablenken zu lassen. Immer noch sahen sie eher wie wollige Säckchen denn wie angehende Füchslein aus, und ihre Bewegungen waren ungelenk und tolpatschig. Aber man konnte beinahe zusehen, wie sie mit jedem Tag an Größe, Gewandtheit und Schnelligkeit zunahmen.

In gleichem Maße wuchs ihr Appetit, und Brand und Feh waren vollauf damit beschäftigt, Nahrung herbeizuschaffen. Sie wagten sogar etwas, das sie sonst nie getan hätten: am hellichten Tag ein Huhn stehlen, damit für jedermann sichtbar über die Felder laufen und Bau und Jungen zu verraten.

Das Federvieh versetzte die Füchslein in höchste Aufregung. Sie tobten darum herum, stupsten es an, schüttelten es, bissen hinein und fuhren, das Maul voll Federn, wieder zurück. Nach einer Weile hatte die Mutter ein Einsehen und riß das Huhn mit ihren scharfen Fangzähnen auf. Jetzt fielen die Jungen darüber her, rupften und zerrten mit unglaublicher Wildheit, um ein möglichst großes Stück zu erhaschen, und netzten ihre Schnauzen mit dem roten Lebenssaft.

Zunehmend verweigerte Feh den Welpen an ihr zu trinken. Dafür bekamen diese mehr und mehr lebende Beute zugetragen, vornehmlich Mäuse, Kaninchen, hin und wieder auch einen Maulwurf. Der wurde allerdings nur zum Spielen benutzt. Die Füchslein packten ihn, ließen ihn wieder frei, bissen erneut zu, schleuderten ihn durch die Luft und jagten ihn sich gegenseitig ab, bis er schließlich, von vielen nadelspitzen Zähnchen durchbohrt, leblos liegenblieb.

Spielzeit

Am Buchenhügel stand der Juni in voller Pracht. Das dichte Blätterdach der Bäume ließ nur hie und da einen Sonnenstrahl durch und spendete angenehme Kühle. Rings um den Fuchsbau waren Waldklette und Bingelkraut hochaufgeschossen, an der Quelle hatte sich Finger-Zahnwurz breit gemacht. Unermüdlich ertönte der Gesang von Buchfink, Drossel, Rotkehlchen und Meislein, die sich gerade zur zweiten Brut rüsteten. Das Jahr bereitete sich auf den Mittsommer vor, den Tag, an dem die Sonne am längsten mit dem Untergehen zögert.

Die kleinen Füchse waren erstaunlich gewachsen. Sie steckten bereits in Röcken, die die spätere rote Farbe ahnen ließen. Mit schier unermeßlicher Energie tummelten sie sich um den Bau herum, vor allem abends. Der Boden war vom Laub blankgefegt, so turbulent verliefen ihre Spiele. Sie jagten und neckten sich, liefen um die Wette, haschten nach Fliegen, Käfern und Schmetterlingen, ließen sich von einem erhöhten Platz hinunterplumpsen, sprangen wieder hoch, versteckten sich hinter Baumwurzeln und versuchten, sich gegenseitig an der Schwanzspitze zu ziehen.

Wenn Feh da war, ruhte sie ein wenig abseits oder zog sich in ein Versteck in der Nähe zurück. Sie sah mager und mitgenommen aus, der prächtige Pelz war löchrig geworden, und am Schwanz standen nur mehr ein paar dürftige Pinsel ab. Bald wurden die Abstände, in denen sie nicht kam, immer länger. Oft erschien sie erst gegen Abend, leise kurze Lockrufe ausstoßend. Sofort schossen die Jungen aus dem Bau heraus und drängten sich winselnd um sie herum. Wenn sie Futter im Maul trug, wurde es ihr mit winkenden Vorderpfoten abgebettelt und sofort hinuntergeschlungen.

Auf der Regenwurmwiese

Bis jetzt hatte Feh die Jungen immer zurückgewiesen, wenn diese hinter ihr herspringen wollten. Heute wartete sie, bis alle Füchslein zur Stelle waren, und führte sie zum Fuße des Hügels. Dort blieb Feh stehen und sicherte nach allen Seiten. Dann verließen sie den Schutz der Bäume und traten hinaus auf die große Wiese. Kurz fürchteten sich die Füchslein. Das war ungewohnt, nur den weiten Himmel über sich. Gleich darauf schüttelten sie ihre Scheu ab und machten es ihrer Mutter nach.

Feh ging ganz langsam auf der Wiese umher. In kurzen Abständen zuckte ihr Kopf nach unten, um ebenso rasch wieder nach oben zu schwenken. Dabei schien sie etwas zu verschlucken. Das sah vielversprechend aus. Mal hören, was sich da Nahrhaftes bewegte. Da, ein kratzendes Geräusch, ein sich windendes Etwas. Flink mit den Zähnen zugepackt und hochgerissen, damit der

Regenwurm keine Zeit hatte, in sein Loch zurückzuschlüpfen.
Bald warteten die Jungen nicht mehr auf die Rückkehr ihrer Mutter, um einen Ausflug auf die Regenwurmwiese zu machen. Das konnten sie jetzt schon ganz allein. Mittlerweile hatten sich bereits richtige Charaktere herausgebildet. Es gab den Raufbold, der sich immer die fetteste Beute schnappte und bei jedem Spiel die Oberhand gewann. Dann war da der Schlaue, der sich wenig prügelte und dennoch auf seine Kosten kam, der Nachgiebige, der sich nicht lange auf Streitereien einließ, und der Schüchterne, der sich meistens im Hintergrund hielt.
Das einzige Mädchen im Wurf war die Entdeckerin. So war auch sie es, die vor allen anderen die erste Begegnung mit einem Menschen hatte. Urplötzlich stand sie ihm gegenüber, als sie in den ersten heißen Nächten des Juli durch die Gegend strolchte. Er saß ganz still hinter einem merkwürdigen Ding. Neugierig näherte sich das Fuchsmädchen. In diesem Augenblick flammte kurz ein blendendes Licht auf, und es machte »klick«. Da sprang sie mit wild klopfendem Herzen davon.

Mäusefang und Futterverstecken

Wieder einmal hatte die Fuchsfamilie sich von ihrem altvertrauten Bau unterhalb der mächtigen Buche entfernt. Diesmal kehrten sie nicht mehr zurück. Feh ermunterte die Jungen, ihr immer weiter zu folgen. Sie liefen eine Zeitlang über Wiesen und Felder, kamen an einem Gehöft vorbei, in dem kurz ein Hund anschlug, und machten schließlich bei einem Getreidefeld halt, dessen Ähren dicht bei dicht standen.
Davor lag eine Wiese. Glockenblumen und Braunellen färbten sie blau, der Klee duftete süß. Ein Teil am Rande war gemäht, denn der Bauer war kurz zuvor mit der Mähmaschine zweimal hin- und hergefahren, um frisches Futter für seine Kühe zu holen.
Den Füchsen war das gerade recht. Wo das Gras kurz war, ließen sich Mäuse viel leichter fangen. Übrigens hatte sich auch Brand zu ihnen gesellt. Nicht daß er sich um seine Kinder gekümmert hätte, er war nur in der Nähe.
Während drei der Füchslein sich nicht entscheiden konnten, ob sie nach Regenwürmern suchen oder lieber Nachlaufen spielen sollten, schlossen sich das Fuchsmädchen und der Schlaue den Eltern an. Mit schief gehaltenem Kopf beobachteten sie, wie diese langsam umhergingen, immer wieder stehenblieben, um zu lauschen, und wenn sie etwas gehört hatten, sich duckten. Darauf geschah jedesmal dasselbe. Ein, zwei Augenblicke höchster Spannung, dann

der Sprung, blitzschnelles Zustoßen der Schnauze, ein schriller Piepston, und der Nager zappelte im Fang.
Hin und wieder warf Brand oder Feh den beiden eine Maus zu, und dann mußten sie ihre Schnelligkeit unter Beweis stellen. Sie sprangen danach und versuchten, sich die Beute gegenseitig streitig zu machen. Das Fuchsmädchen war die Flinkere, worauf sie der Schlaue in den Rücken biß. Das wollte sie sich nicht gefallen lassen und machte einen Buckel, um ihn einzuschüchtern. Er schnappte nach der Maus, die ihr halb aus dem Maul hing, und riß daran. So bekam auch er seinen Teil davon ab. Dann warteten sie einträchtig auf die nächste Ration.
Eine Weile später hatte Feh genug gefressen. Sie schluckte die Maus, die sie gerade erbeutet hatte, nicht mehr hinunter, sondern lief mit ihr im Fang scheinbar unschlüssig hierhin und dorthin. Schließlich fand sie, was sie suchte, einen Platz zwischen Getreidefeld und Wiese, wo die Erde locker war. Sie fing zu graben an, und als ihr die Mulde groß genug schien, legte sie die Maus hinein und drückte sie mit der Schnauze fest. Dann schob sie mit der Nase die Erde wieder zurück. Sie ging sorgfältig vor, vergaß auch nicht, die Steinchen und Halme darüberzubreiten, die schon vorher dort gelegen hatten. Am Ende kündete keine Spur davon, daß sich hier eines der vielen Futterverstecke befand, die ein Fuchs im Laufe seines Lebens als Notvorrat für schlechtere Zeiten anlegt.

Kaninchen wehren sich

Es war heiß in diesem Sommer, und die Jungfüchse liefen fast jede Nacht zum Buchenhügel, um an der Quelle in der Nähe ihres alten Baus zu trinken. Mittlerweile hatten sie sich angewöhnt, das Tageslicht zu meiden, und hielten sich, während die Sonne vom Himmel brannte, im Getreidefeld versteckt. Erst am späten Abend krochen sie hervor und durchstreiften die nähere Umgebung. Dabei unternahm der eine oder andere schon mal etwas auf eigene Faust.
Raufbold hatte das Getreidefeld auf der anderen Seite verlassen. Dahinter schlossen sich ein paar Äcker an, dann war da eine Straße, die zu dem nächsten Dorf führte. Der graue Asphaltstreifen gefiel ihm nicht, er überquerte ihn schnell und stieß auf einen Steinwall, der seine Neugier erregte. Er war moosbewachsen und von Brombeerranken regelrecht abgeschirmt. Schnüffelnd lief der Jungfuchs daran entlang und entdeckte einen Spalt, durch den er sich zwängte.
Ein Gestrüpp aus Brennesseln versperrte ihm die Sicht. Vorsichtig schlängelte er sich hindurch und hob spähend den Kopf. Die Angst, die er vor allem Unbekanntem hatte, schwand dahin, als er die vielen Kaninchen sah. Sie tollten herum, knabberten und mümmelten, wuschen sich das Gesicht oder hockten nur einfach auf ihren Hinterschenkeln.
Raufbold duckte sich und schlich verstohlen näher. Obwohl er bis jetzt Kaninchen nur als erlegte Beute kennengelernt hatte, sagte ihm sein Instinkt, daß sie ihm sehr wahrscheinlich entwischen würden, wenn er nicht nahe genug an sie herankäme. Sich dicht an den Boden pressend und jeden Grasbüschel als Deckung ausnutzend kroch er auf sie zu. Zehn Meter, neun, acht – Noch immer war er zu weit weg. Die Spannung stieg ins Unerträgliche.
Bis jetzt schienen die Kaninchen nichts bemerkt zu haben. Mit hängenden Löffeln und rundem Rücken hoppelten sie

von Grashalm zu Grashalm, wobei eines seine Richtung einschlug. Mit Mühe beherrschte Raufbold jeden einzelnen seiner Muskeln, nur die Schwanzspitze zuckte hin und her. Jetzt lagen noch fünf Meter dazwischen.

In diesem Augenblick hielt das Kaninchen inne und richtete sich auf. Sein sechster Sinn mußte es gewarnt haben. Doch bevor es sich zur Flucht wenden konnte, war Raufbold losgeschossen. Er sprang es mit den Pfoten an und warf es um. Das Kaninchen zappelte und ratschte ihm mit seinen krallenbewehrten Hinterläufen quer übers Gesicht. Raufbold zuckte zurück, da hatte es sich auch schon losgewunden und war wie alle anderen im nächsten Loch verschwunden.

Mit drei blutigen Striemen auf der Nase kehrte der kleine Fuchs zurück. Er hatte seine Lektion gelernt. Noch war er nicht groß genug, um sich mit einem ausgewachsenen Kaninchen anzulegen, aber lange würde es nicht mehr dauern.

Früchte und Hornvieh

Eines Morgens wurden die Jungfüchse unsanft aufgescheucht. Der Mähdrescher war erschienen und fuhr knatternd und große Wolken Staub aufwirbelnd durch das reife Getreidefeld. In wilden Sprüngen pflügten sie sich durch die Halme und wußten erst nicht, wohin sie sich wenden sollten. Da hörten sie das leise Lockmuffen ihrer Mutter. Geduckt folgten sie ihr bis zu einem Maisfeld, das noch in vollem Saft stand. Dort würden sie in der nächsten Zeit sicheren Unterschlupf finden.

Es war ungewöhnlich, daß Feh noch einmal mütterliche Gefühle zeigte. Denn jetzt, Ende August, war die Fuchsfamilie schon am Auseinanderbrechen. Längst

trugen die Jungfüchse den roten Rock ihrer Eltern, im übrigen waren sie die meiste Zeit sich selbst überlassen. Immer noch spielten und balgten sie sich abends auf den Wiesen und Feldern der Umgebung oder galoppierten übermütig querfeldein.

Der Herbst kündigte sich an mit Morgennebeln und Spinnenfäden in der Luft. Auf den abgeernteten Kornfeldern waren Krähen unterwegs und suchten zwischen den Stoppeln nach Samen und Würmern. Eine Elster gesellte sich dazu und sorgte für Unterhaltung. Als die Jungfüchse sich zeigten, erhoben sich die Vögel, krächzend und schackernd. Die Krähen flatterten über den Füchsen, und eine schlug Raufbold mit dem Flügel ins Gesicht. Die steifen Federn stachen ihn, und zähnefletschend sprang er nach ihr. Mit spöttischem »kroah« schwenkte die Krähe aufwärts. Dann drehte die Schar ab und fiel in ein Feld weiter unten ein.

In ihrem grenzenlosen Tatendrang statteten die Jungfüchse jetzt auch den Gehöften der Gegend ihre Besuche ab. Das Fuchsmädchen stieß als erste auf den Garten mit den Obstbäumen. Während sie sich den Bauch mit süßen Zwetschgen und Birnen vollschlug, tauchte einer ihrer Brüder auf. Er durchquerte im gestreckten Galopp den Obstgarten, so als ob jemand hinter ihm her wäre.

Der kleine Fuchs hatte auf einer der benachbarten Weiden zum ersten Mal in seinem Leben Kühe gesehen. Das merkwürdige Hornvieh war nur dagestanden, kauend und schauend. Trotzdem hatte er die Flucht ergriffen und rannte noch eine Weile mit peitschender Lunte hin und her. Schließlich beruhigte er sich, und dann machte auch er sich über die herabgefallenen Birnen her.

Herbstzeit

Der Herbst hatte die Bäume am Buchenhügel bereits feuerrot gefärbt, als sich eines frühen Morgens ein paar Männer langsam durch den Wald bewegten und mit Stöcken an die Bäume klopften. Zweige knackten unter ihren Füßen, Tauben flatterten von ihren Nestern auf, und ein paar Elstern schimpften.

Die Jungfüchse hatten keine Ahnung, was los war. Als sie sich auf ihren gewohnten Schleichwegen davonmachen wollten, trug ihnen der Wind den Geruch von Gefahr zu. Sie versuchten, hügelaufwärts in den Teil zu gelangen, wo die Bäume dichter standen.

Plötzlich war da auch Gebell. Es bestand kein Zweifel, daß die Hunde ihre Fährte aufgenommen hatten. Drei der Jungfüchse hielten es nicht mehr aus. Sie brachen aus ihrer Deckung hervor und stürmten querfeldein. Schüsse ertönten, die Hunde kläfften wie wild, dann entfernte sich der Lärm.

Raufbold hatte sich eng auf den Boden gedrückt und mit klopfendem Herzen der Versuchung widerstanden, sein Versteck zu früh zu verlassen. Erst am Abend schlich er sich zur Quelle, um seinen Durst zu stillen. Dort stieß er auf Brand. Der war gerade dabei, sich Flöhe aus seinem Pelz zu kratzen, und sein Hinterlauf vollführte einen klopfenden Tanz auf dem harten Waldboden. Erleichtert tänzelte Raufbold auf ihn zu. Doch sein Vater keckerte böse und sprang den Jungfuchs an, als wollte er ihn bekämpfen. Er schnappte sogar wütend nach ihm, bevor er sich steifbeinig abwandte.

Raufbold flüchtete entsetzt. Er rannte geradewegs den Buchenhügel hinunter und verkroch sich unter einem Brombeergestrüpp. Die kurze Begegnung mit seinem Vater lehrte ihn etwas, das er sonst weit schmerzhafter gelernt hätte: Füchse gleichen Geschlechts sind ein Leben lang Feinde.

Zu neuen Ufern

Am Tag darauf setzte windiges und schlechtes Wetter ein. Kalter Regen durchtränkte den Wald. Von den durchnäßten Bäumen tropfte es, und das grüne Moos an den Stämmen wurde schwarz. Raufbold spürte eine wachsende Unruhe. Seine innere Uhr sagte ihm,

daß mit dem schwindenden Jahr auch seines Bleibens nicht länger hier war. Seit dem Erlebnis mit seinem Vater gab es für Raufbold nur mehr sich selbst auf der Welt. Daß drei seiner Geschwister verschwunden blieben, hatte keine Bedeutung. Eines Abends, als das Tropfen und Schütten des Regens aufgehört hatte, rannte er los. Ein paar Stunden lang legte er ein ziemlich schnelles Tempo vor. Er lief über abgeerntete Felder, frisch gepflügte Äcker und gemähte Wiesen. Er folgte der Grenzlinie eines Hügels, überquerte Straßen und Bachläufe, kam an einigen Dörfern vorbei, und ließ sich schließlich, kurz bevor die Sonne am anderen Morgen aufging, erschöpft in einem Waldstück nieder.
Den Tag verschlief er, dann machte er sich gegen Abend auf, seine neue Umgebung zu erkunden. Bäume mit dichtem Untergehölz, eine kleine Lichtung, hin und wieder aufgeschichtete Baumstämme, eine Senke, an deren Fuß sich das Regenwasser zu einem kleinen See angesammelt hatte. Dort stieß er auf eine Ratte und machte ihr im Nu den Garaus. Auf den angrenzenden Wiesen und Äckern fand er genügend Spuren von Mäusen, doch nirgendwo stieg ihm der Geruch eines anderen Fuchses in die Nase. Zufrieden nahm er das Gebiet in seinen Besitz und hinterließ an Baumstümpfen, Grasbüscheln und Zaunpfählen seine Markierung.
Mit sieben Monaten war er ein schöner, starker Fuchs, zwar noch jugendlich schlank, aber mit den besten Aussichten, es weit zu bringen. Denn er war nicht nur körperlich gewachsen, sondern auch klug geworden. Im Lauf der nächsten Wochen würde er sich jeden Graben, jede Furche, jeden Zaun aneignen. Er würde seinen Gewohnheiten folgen, wenn es zweckdienlich war, und sich neuen Gegebenheiten anpassen, wenn auch nur die leisesten Anzeichen auf etwas Ungewöhnliches hindeuteten. Raufbold war bereit. Ein neues Jahr des Fuchses konnte beginnen.

REINEKE FUCHS – VOM FABELTIER ZUM STADTBEWOHNER

Warum der Fuchs so einen schlechten Ruf hat und wie er trotz aller Verfolgungen des Menschen überlebte und zum Kulturfolger wurde. Mit Expertenrat: Füchse in freier Wildbahn beobachten und fotografieren.

Geschichte und Geschichten

Dem griechischen Fabeldichter Aesop, der im 6. Jahrhundert v.Chr. gelebt hat, schreibt man die ersten Geschichten über die außerordentliche Schlauheit des Fuchses zu. Eine erzählt vom Löwen, der krank in seiner Höhle liegt. Alle Tiere drücken ihm ihr Mitgefühl aus, nur der Fuchs nicht. Diese Gelegenheit nimmt der Wolf wahr, um seinen Vetter beim Löwen anzuschwärzen. Doch der Fuchs verteidigt sich, er habe die Zeit genutzt, um ein Heilmittel ausfindig zu machen. Der Löwe brauche nur dem Wolf lebendig das Fell abzuziehen und sich, solange es noch warm ist, hineinzuhüllen. Nicht einen Augenblick zögert der Löwe, diesen Rat in die Tat umzusetzen. Als der Wolf tot daliegt, lacht der Fuchs: »Man muß nicht üble, sondern gute Gesinnung bei den Herrschern erwecken.«

Bekanntlich zieht die Fabel ihren Effekt aus der Anprangerung menschlicher Verhaltensweisen. Daß dabei auch ein Stück Wirklichkeit zur Sprache kommt – die Feindschaft zwischen Fuchs und Wolf – beweist zumindest eines: Das Bild des Fuchses in Geschichten und Märchen ist nicht allein von dichterischem Erfindungsreichtum geprägt. Vieles beruht auf Tatsachen, das erkennen wir heute, da wir bereit sind, Tiere als komplexe Wesen zu begreifen.

Noch beim Weggehen sichert der scheue Fuchs nach rückwärts.

Der legendäre Schlaumeier

Der Fuchs scheint in die europäische Kultur mehr Eingang gefunden zu haben als irgendein anderes Tier. Die Bibel bezieht sich auf ihn, griechische und lateinische Dichter haben sich mit ihm befaßt. Aus dem 2. Jahrhundert v. Chr datiert ein naturgeschichtliches Werk, in dem der Fuchs als Teufel in Tiergestalt beschrieben wird. Man findet Abbildungen von ihm in mittelalterlichen Kirchen, in liturgischen Gesängen des Mittelalters fungiert er als Allegorie des Bösen. 2000 Jahre durchstreift er nun schon die Literatur, und zumindest in der westlichen Welt gibt es kaum eine Sprache, in der »füchsisch« nicht mit listenreich und verschlagen gleichgesetzt wird.

Ende des 12. Jahrhunderts erschien in Frankreich der »Roman de Renart«. Dieser Roman, der als Parodie des höfischen Lebensstils gedacht war, stellte den Fuchs in der Doppelrolle des Schurken und Helden dar und setzte ihm damit ein bleibendes Denkmal. Schon sein Name ist sozusagen Programm. Reineke leitet sich aus dem mittelhochdeutschen »Reinhart« (franz. Reynard) ab und bedeutet: »Der wegen seiner Schlauheit Unüberwindliche«.

Was ihm nicht alles an Missetaten vorgeworfen wird: Raub, Mord, Betrug, Blasphemie, Ehebruch und Vergewaltigung. Jede einzelne reichte aus, um ihn an den Galgen zu bringen. Doch immer wieder gelingt es Reineke, mit schönen Reden seinen Kopf aus der Schlinge zu ziehen. In einem Zweikampf auf Leben und Tod besiegt er sogar seinen grimmigsten Gegner, Isegrim, den Wolf. Grund genug für Nobel, den Löwen und König der Tiere, ihn zum Statthalter zu ernennen. Doch getreu seinem Ruf holt Reineke alsbald wieder zu einem neuen Streich aus, natürlich nur zu seinem und seiner Sippe Vorteil.

Denn trotz aller Verachtung, die er den Mächtigen gegenüber an den Tag legt, ist Reineke keineswegs Freund der

Schwachen und hat nur den eigenen Nutzen im Auge. Diese Zweideutigkeit zieht sich durch alle Nachdichtungen, die im Lauf der Zeit entstanden. Im Niederländischen wurde der Stoff mehrfach bearbeitet; die populärste Fassung »Reinke de Vos« zeichnet teils scharf, teils humorvoll ein ironisches Bild der feudalen Gesellschaft. Von Goethes Hexameterepos »Reineke Fuchs« war schon zu Beginn dieses Buchs die Rede. In allen diesen Fassungen wird der Fuchs sowohl mit guten als auch schlechten Eigenschaften ausgestattet, ist er gerissen und genial zugleich, wechselt die Hochachtung vor seiner Schläue mit dem Zorn auf seine Falschheit.

Jäger »latein«

Jäger unter sich reden in der Waidmannssprache. Ein paar Ausdrücke beziehen sich speziell auf den Fuchs; wir geben sie hier zum besten:

Fell = Balg
Fell wechseln = verhären
Schwanz = Standarte oder Lunte
weiße Schwanzspitze = Blume
Beine = Läufe
Pfoten = Branten
Krallen = Nägel
Ohren = Gehöre
Augen = Seher
riechen = winden
Maul = Fang
trächtig sein = dicke gehen
Wurf = Geheck
werfen = wölfen
bewohnt = befahren
hineinschlüpfen = fahren oder schliefen

Später verwässerte sich dieses Bild. So nannte sich jener elegante Kavalier, der in Mexiko Partei für die Unterdrückten ergriff, El Zorro = der Fuchs. Auch Walt Disney wich in seinem Zeichentrickfilm »Robin Hood« erheblich davon ab. Er charakterisierte den legendären Freiheitsheld als schlaues Füchslein, das sich aber sonst eher liebenswert und edelmütig gebärdet als doppelzüngig und abgefeimt.
Der bäuerlichen Bevölkerung früherer Zeiten war der Fuchs ein vertrauter, wenn auch wenig willkommener Geselle. Daß er im Zuge der Verstädterung nicht auf der Strecke blieb wie zum Beispiel Wolf, Bär und Luchs bestätigt seine Sonderstellung (→Kulturfolger Fuchs, Seite 83). Vielleicht wird uns Menschen langsam bewußt, wofür uns der Fuchs mit seiner Fähigkeit, sich überall und allem anzupassen, als Beispiel dienen könnte: für die Kunst zu überleben.

Mensch und Fuchs – eine folgenreiche Begegnung

Es ist der Fuchs, der dem kleinen Prinzen in Antoine de Saint-Exupérys philosophischem Märchen erklärt, wie man ihn zum Freund gewinnt. Man muß ihn zähmen. Der kleine Prinz, der von einem anderen Stern kommt, weiß nicht, was zähmen heißt. Da antwortet der Fuchs: »Es ist eine in Vergessenheit geratene Sache. Es bedeutet: sich vertraut machen.«
Nicht von ungefähr hat sich der Dichter den Fuchs als Verkünder dieser Botschaft ausgesucht. Versuchen wir, bei der Beziehung Mensch – Fuchs solche Gedanken auch ein wenig mit einzubeziehen.

Auf zwei Beinen

Von dem Moment an, wo ein neugeborener Welpe die Augen öffnet, ist er dem Menschen gegenüber scheu. Vermutlich liegt es sowohl am optischen Erscheinungsbild als auch am Geruch; beides sind Merkmale, die den Fuchs mehr erschrecken, als es viel größere Tiere tun, zum Beispiel Kühe (→Zeichnung, Seite 79).
Optisches Erscheinungsbild: Menschen gehen auf zwei Beinen, haben eine aufrechte, hohe Gestalt und wenden dem Fuchs meistens ihr Gesicht zu. Dieses Faktum scheint besonders bedrohlich zu sein. Von Katzen zum Beispiel weiß man, daß Sich Anstarren ein aggressiver Akt ist. Möglich, daß Füchse Ähnliches empfinden. Doch nicht nur stehend, auch still und stumm dasitzend werden Menschen von erfahrenen Füchsen als solche identifiziert. Das Feindbild Mensch scheint wie eine Fotografie in ihrem Gehirn verankert zu sein. Wie gut ein Fuchs sehen kann und wie schnell seine

Rüde auf der Spur einer läufigen Füchsin. Dabei kann es in dicht befahrenen Gebieten zu tödlichen Unfällen kommen.

»Auffassungsgabe« ist, pflegen im allgemeinen selbst Biologen zu unterschätzen, weil dies noch sehr wenig erforscht ist.
Geruch: Auch er ist ganz entscheidend, wobei die Buttersäure im Schweiß des Menschen besonders gut registriert wird. Wir wissen dies von Hunden, die rund eine Million mal besser riechen können als wir Menschen. Der Fuchs dürfte dieselbe Riechleistung haben (→Der Geruchssinn, Seite 43). Zum Beispiel kann er menschliche Trittspuren auch nach mehr als einer Stunde noch deutlich wahrnehmen und geht so selbst den trickreichst vergrabenen oder getarnten Fallen nicht auf den Leim. Erfahrene Jäger wissen, daß sie sich gegen den Wind zu stellen haben, damit der Fuchs sie nicht riechen kann.

Unterschiedlich scheu

Auch wenn die Mehrzahl unserer Füchse extrem scheu ist, lassen sich doch verschiedene Abstufungen feststellen. Am Bau passiert es gar nicht so selten, daß einer der Jungfüchse im Vergleich zu seinen viel ängstlicheren Geschwistern außerordentlich neugierig ist und dem geduldigen Beobachter nach anfänglichem Zögern sogar aus der Hand frißt.
Überhaupt werden mit Hilfe von Futter manche wildlebenden Füchse, wie viele andere Tierarten auch, regelrecht zutraulich. Sie sind es aber nur gegenüber derjenigen Person, mit der sie sich als Futterspender vertraut gemacht haben. Vor Fremden ergreifen sie die Flucht, was beweist, daß Füchse Menschen durchaus voneinander unterscheiden können.
Einen Jäger erkennt ein gewiefter Fuchs unter anderem daran, daß dieser sich ruhig benimmt, wenn nicht verstohlen, und meistens in der Dämmerung unterwegs ist. Übrigens legt der Tierfotograf ein ähnliches Verhalten an den Tag, weswegen der Fuchs auch vor ihm scheut (→Den Fuchs beobachten und fotografieren, Seite 86). Spaziergänger hingegen, die sich laut unterhalten, sind offensichtlich weniger bedrohlich. Vor Freizeitsportlern zeigt der Fuchs ebenfalls keine Angst, solange diese sich an ihre Wege halten und nicht querfeldein laufen.
Dies alles wundert nicht, wenn man bedenkt, wie gnadenlos Füchse seit Jahrhunderten von Menschen verfolgt wurden. Nur die vorsichtigsten haben eine Chance, davonzukommen, und es ist nur zu natürlich, daß sie eine derartige überlebenssichernde Eigenschaft an ihre Nachkommen weitergeben.
In der Nacht verhalten sich Füchse übrigens weniger scheu als in der Dämmerung. Wahrscheinlich sind sie durch

ihre Jugendzeit, die sie im Schutz des unterirdischen Baus zugebracht haben, so geprägt, daß sie Dunkelheit von vornherein als sicher empfinden. Zudem haben die Tiere die Erfahrung gemacht, daß nachts keine Jäger unterwegs sind. Auch die Qualität von Verstecken bei Tage auf der Erdoberfläche dürfte der Fuchs in erster Linie nach dem Grad der in ihnen herrschenden Dunkelheit beurteilen.

Die Fuchsjagd hoch zu Pferd und mit der kläffenden Hundemeute ist heute noch in England beliebt.

Die Fuchsjagd – schon immer attraktiv

Seit jeher wurden Füchse vom Menschen bejagt und zwar mehr oder weniger aus drei Gründen: Erstens gilt Reineke als Räuber, der getötet werden muß, bevor er selbst tötet. Zweitens ist er eine reizvolle Wildart, die waidgerecht zu bejagen den Jäger gelüstet. Drittens ist er Träger eines herrlichen Pelzes, der es wert ist, erbeutet zu werden. Deswegen nimmt in der Geschichte die Fuchsjagd einen beachtlichen Stellenwert ein und hat ihn bis heute nicht eingebüßt.

Schon die Assyrer und Perser betrieben die Jagd als Sport und stählten sich dabei für kriegerische Auseinandersetzungen. Für die Griechen gehörte die Jagd zur Erziehung eines gebildeten Mannes. Aristoteles gab ihr gar einen philosophischen Hintergrund: Die Natur macht nichts Nutzloses, wenn sie also jagdgerechte Tiere erschafft, so liegt es auch in ihrer Absicht, daß diese bejagt werden sollen.

Im Mittelalter war die Jagd eine der Hauptbeschäftigungen des Rittertums, wobei der Fuchs als Beute jedoch eine zweitrangige Rolle spielte. Erst das England der Neuzeit brachte die entscheidende Wende. Etwa ab dem 13. Jahrhundert wurden Füchse nicht mehr nur mit Terriern im Bau gejagt, sondern auch über der Erde hoch zu Roß und mit einer laut kläffenden Hundemeute. Die Fuchsjagd bildete sich zum sportlichen Vergnügen der vornehmen

Selbst ausgewachsene Alpenfüchse sind vor den mächtigen Fängen des Steinadlers nicht sicher.

Gesellschaft aus. Sie wurde mit Hingabe betrieben, und neben dem Wetter gehörten Gespräche über sie zu den Lieblingsthemen des Mannes aus besseren Kreisen.

Selbstverständlich mußte überall, wo England als Kolonialmacht Fuß faßte, auch die Fuchsjagd möglich sein. Wenn nötig, wurden Füchse kurzerhand importiert und die Jagdhunde gleich mit dazu (→Füchse in aller Welt, Seite 55). Dieser englische Stil der Fuchsjagd zu Pferde in traditionellem Reiterkostüm und mit der Hundemeute hat sich bis heute erhalten. Auch als sportliches Spiel existiert die Fuchsjagd; in diesem Fall wird anstelle des Fuchses ein mit einer Fuchsstandarte gekennzeichneter Reitersmann verfolgt.

Jagdmethoden

Neben der eben erwähnten Methode gibt es noch eine Reihe von anderen, auf die wir im Rahmen dieses Buchs allerdings nur ganz kurz eingehen können. Im übrigen verweisen wir auf die Fachliteratur.

Ansitzjagd: So nennt man die Jagd, die von einem festen Platz aus erfolgt, von Kanzeln und Leitern zum Beispiel oder vom Boden aus, wenn der Jäger den Fuchs vor dem Bau abpassen will. Geduldiges Warten ist Voraussetzung, ebenso die Berücksichtigung der Windrichtung (→Auf zwei Beinen, Seite 74). Der hochsensible Fuchs ist durch jede kleinste »Fremdheit« blitzartig zur Umkehr bereit, und sei es nur die Anmutung eines Geruchs, einer Bewegung, eines Geräuschs. Morgens ist Reineke etwas weniger scheu als abends, so als sei ihm alles vertrauter und sicherer.

Lockjagd: Hierbei wird der Fuchs angelockt und zwar mit Lauten wie das Mäuseln, die Hasen- oder Kaninchenklage, den Kitzruf und das Kitz- oder Vogelangstgeschrei. Wer sie nicht selbst nachahmen kann (unter Jägern soll es wahre Künstler geben), findet im Fachhandel ein gutes Angebot von Lockinstrumenten. Wichtig bei der Wahl des jeweiligen Lockrufs ist die Jahreszeit, die

Mit Hilfe von Dackeln werden Füchse aus dem Bau »gesprengt«.

Wachtel etwa schlägt hierzulande nur im Sommer. In strengen Wintern lassen sich hungrige Füchse übrigens besser anlocken als in der warmen Jahreszeit. Manch ein Altfuchs riecht den Braten indes recht schnell und fällt auf noch so täuschend nachgeahmte Hasenklagen und ähnliches nicht mehr rein.

Füchse sind Wildtiere. Sie eignen sich nicht zur privaten Tierhaltung.

Drück- oder Treibjagd: Hier tun sich mehrere Jäger in einem größeren Gebiet zusammen. Die Vorbereitungen müssen sehr vorsichtig getroffen werden, damit der Fuchs nicht zu früh Wind davon bekommt. Nachdem die Schützen sich postiert haben, treiben Jagdgehilfen ihnen das Wild mit Lärm zu. Je nachdem, wie sie dabei zu Werke gehen, bewegt sich

auch der Fuchs: gemächlich auf seinem altgewohnten Paß entlangschnürend oder hochflüchtig und dann entsprechend schwer zu treffen.

Baujagd: Seitdem die Tollwutgefahr eingedämmt werden konnte und die Hunde schutzgeimpft sind, findet auch diese traditionelle Jagdart wieder ihre Liebhaber. Sie wird naturgemäß nur dann praktiziert, wenn die Füchse auch wirklich im Bau anzutreffen sind, zwischen Dezember und Februar etwa, vorwiegend jedoch in der Aufzuchtszeit der Jungen zwischen April und Juni. Aus dem Bau »gesprengt«, wie es in der Fachsprache heißt (→ Jäger»latein«, Seite 74), wird der Fuchs mit kleinen, mutigen und scharfen Hunden. Manchmal muß mit Graben nachgeholfen werden.

Bemerkungen zum Fuchspelz

Nach wie vor erfreut sich der Fuchspelz mit seiner herrlichen roten Farbe großer Beliebtheit, obwohl Tierschützer zum Boykott gegen dieses älteste und haltbarste Naturprodukt aufgerufen haben. Pelzfarmen indes, die wegen der Massentierhaltung in Verruf geraten sind, lohnen sich für Füchse nicht. Da die Tiere in ausreichend großer Zahl in der freien Wildbahn erbeutet werden können, braucht man sie nicht in Gefangenschaft zu züchten.

Von der Halbinsel Kamtschatka am äußersten Zipfel des asiatischen Rußlands kommen die besten Fuchspelze mit einer Haarlänge bis zu 10 cm. Hervorragende Qualität weisen auch Pelze aus Lappland und dem östlichen Kanada auf. Hauptexportländer sind die USA, Skandinavien, Polen und die GUS-Länder. Auch aus Australien kommen schöne Felle.

Zahm und doch kein Haustier

Spielende Füchslein sind beinahe noch niedlicher als Kätzchen. Das sagen selbst die »hartgesottensten« Wissenschaftler. Deswegen ist der Impuls, sich so einen Racker ins Haus zu holen, verständlich. Doch in den wenigsten Fällen sind verlassen aufgefundene Welpen auch wirklich Waisen, die von gutmeinenden Menschen nun gerettet werden müssen. Meist haben sie sich nur etwas weiter vom Bau entfernt, oder die Mutter war gerade am Umziehen, weil sie sich gestört fühlte (vielleicht sogar durch das Erscheinen des »Retters«). Also, erst einmal Hände weg und abgewartet, ob nicht doch ein Elternteil erscheint. Das tut er aber nur, wenn Sie sich zurückziehen.

Es kann natürlich vorkommen, daß die Mutter überfahren oder erschossen wurde. Manchmal übernimmt dann eine Fähe aus dem Nachbarbau die verwaisten Welpen, selbst wenn sie noch gesäugt werden müssen (→Familienleben, Seite 25). Wenden Sie sich in jedem Fall an den Förster oder den nächstgelegenen Tierschutzverein, bevor Sie sich der Jungen selbst annehmen.

Wichtiger Hinweis: Fuchsbabys sind unwiderstehlich, doch niemand gebe sich der Illusion hin, sie zu Haustieren erziehen zu können. Fast immer kommt es zu einem für alle Beteiligten kläglichen Ende. Denn die wenigsten können sich eine Vorstellung davon machen, wieviel zeitliche und materielle Opfer, Geschicklichkeit und vor allem Toleranz dafür erforderlich sind.

Säuglinge müssen rund um die Uhr alle vier Stunden mit Milch gefüttert werden. Aber das ist nichts im Vergleich zu dem, was nach ihrer Entwöhnung über einen hereinbricht. Fast jedes Fuchsjunge ist geradezu süchtig auf Leder und elektrische Kabel, und die Verwüstungen, die es in einem normalen Haushalt anrichten kann, sind kaum vorstellbar. Ganz zu schweigen vom durchdringenden Geruch des Urins, der auch noch nach Monaten in Möbeln, Teppichen und Tapeten hängt.

Kühe zeigen keinerlei Furcht vor dem Fuchs. Wenn er tollwütig ist, kann ihnen das zum Verhängnis werden.

Der zahme Fuchs Glaukos

Zahme Füchse haben das Leben in freier Wildbahn nicht kennengelernt, deswegen wissen sie manches nicht, wozu ich folgende Geschichte erzählen kann:

Der zahme Fuchsrüde Glaukos durfte viele Male an einer langen Leine mit seinem Herrchen, einem Fuchsforscher, spazierengehen und dabei frei seinen eigenen Weg wählen. Vor allem interessierte er sich für die Duftbotschaften freilebender Artgenossen und hatte oft keinerlei Hemmungen, diese mit seiner eigenen Harnmarkierung zu überdekken (→Urinmarken bezeichnen den Besitz, Seite 29).

In einer Märznacht brach Glaukos aus seinem Gehege aus und blieb drei Tage fort. Man glaubte ihn verloren, doch dann kam er freiwillig wieder zurück – mit einer blutenden Schramme am Kopf. Auf dem nächsten Spaziergang unterließ Glaukos nicht nur jegliches Markieren, er verhielt sich an einem Bau mit Fuchsfamilie ausgesprochen furchtsam, ganz im Gegensatz zu früher, wo er jedesmal neugierig zu den Jungen hatte hineinschlüpfen wollen. Als sein Herrchen die Leine lockerte, suchte er augenblicklich das Weite. Zweifellos war ihm vom Eigentümer eingebläut worden, wem das Revier gehört, und Glaukos hatte seine Lektion gelernt.

Was er hingegen nicht erst leidvoll zu erlernen brauchte war, Beute als nahrhaft und lecker zu erkennen und sie alsbald fuchsgerecht zu erlegen. Als er wieder einmal auf einem Spaziergang unterwegs war, genügte eine leise Bewegung im hohen Gras: Ein Sprung – und zielsicher hatte Glaukos, der bis dahin immer gefüttert worden war, einen halberwachsenen Hasen im Fang. Sein Herrchen nahm ihm die Beute zwar sogleich wieder ab, doch das Tier, das

keinerlei äußere Verletzungen aufwies, war bereits am Schock gestorben.
Glaukos bekam den Hasen zurück und zeigte nun all die Verhaltensweisen, die Füchsen im Umgang mit der Beute angeboren sind. Zunächst spielte er eine Zeitlang mit ihm. Dann trennte er ihm in typischer Weise den Kopf ab, vielleicht um den Körper besser tragen zu können (der harte Schädel läßt sich nur schwerlich knacken). Schließlich zerlegte er den Rest der Beute und versteckte die Teile an verschiedenen Plätzen im hohen Gras. Jedesmal strich er mit der Schnauze sorgfältig von allen Seiten die Halme wieder darüber (→Beute auf Vorrat, Seite 47).
Ein anderes Mal verharrte Glaukos während eines Nachtspaziergangs plötzlich in Manier eines Vorstehhundes – mit vorgestrecktem Kopf und angehobenem Vorderbein. Sein Herrchen forschte mit der Taschenlam nach dem Grund und erfaßte im Lichtstrahl eine Gruppe sich eng aneinanderdrückender Rebhühner. Mit seinen scharfen Sinnen hatte Glaukos sie unverzüglich als Beute identifiziert, obwohl es stockdunkel war und er Rebhühner sicherlich noch nie gerochen hatte.
Höchst erfolgreich erwies sich der zahme Rüde auch im Mäusefang, manchmal mit lächerlich geringem Einsatz. Glaukos brauchte mit der Nase bloß in ein bestimmtes Loch zu schnauben, und schon kam die Maus zum Vorschein – für sein Herrchen ein unerklärlicher Vorgang. Hin und wieder gelang es dem Fuchs auch, den Nager mit schnellem Scharren der Vorderpfoten aus seinem Loch zu befördern, so als ob der gar nicht versucht hätte, seinem »Schicksal« zu entgehen.

Mit Blitzlicht und der unendlichen Geduld des Fotografen war es möglich, den nächtlichen Überfall im Hühnerstall sichtbar zu machen.

Was Radiotelemetrie bedeutet

Der Biologe, der auf regelmäßige Beobachtungen angewiesen ist, tut sich bei einem Nachttier schwer. Seit der Erfindung der Radiotelemetrie ist das allerdings kein Problem mehr. Technisch funktioniert das folgendermaßen: Ein Fuchs wird gefangen, was sich oftmals mühseliger gestaltet als alle nachfolgenden Untersuchungen (→Die Sinnes-

organe – zu Hochleistungen fähig, Seite 43). Man legt ihm ein Halsband um, an dem ein Sender befestigt ist, dann läßt man ihn wieder frei.
Nun kann dieser Fuchs ungefähr zwei Jahre lang beobachtet werden (wenn die Batterie gut ist), da die vom Sender ausgehenden Funksignale von einem Empfänger mittels Richtantenne in Form von Pieptönen und Zeigerausschlägen registriert werden. Dreht man die Antenne, sind die Signale unterschiedlich stark; dadurch kann die Richtung des jeweiligen Standorts des Tiers bestimmt werden.
Folgen läßt sich einem Fuchs, der in der Nacht unterwegs ist, nur per Auto. Manchmal kann das recht schwierig werden, wenn der Fuchs die Vorteile seiner »Geländegängigkeit« wahrnimmt und sich sozusagen seitlich in die Büsche schlägt. Dann haben Auto und Beobachter das Nachsehen.
Die Erkenntnisse, die sich auf diese Weise gewinnen lassen, sind vielfältig. Der Rüde Gerd beispielsweise wurde während einer ganzen Woche im Sommer Nacht für Nacht gepeilt. Dabei demonstrierte er eindrücklich, wie flexibel Füchse in ihrem Verhalten sind – ein typisches Merkmal für hoch anpassungsfähige Arten. Er wählte nicht nur jedesmal einen anderen Weg, er war auch unterschiedlich lang unterwegs.
In der ersten Nacht legt Gerd genau 4,4 km zurück. Da er nur die Hälfte der Zeit, die ihm zur Verfügung stand, auf den Läufen war und den Rest in einem Getreidefeld verschlief, hat man angenommen, daß ihm nicht wohl war. In den folgenden sechs Nächte machte er viel weniger Pausen, ja, einmal blieb er sogar vom Abend bis zum Morgen unentwegt aktiv und durchstreifte auf einer Strecke von fast 13 km Wiesen, Heckenlandschaften, Obstgärten und Getreidefelder.
Aus dieser und vielen anderen Versuchsreihen kann man schließen, daß Füchse nicht

Flügelschlagen und Gackern reizen den Fuchs so sehr, daß er ein Huhn nach dem anderen tötet.

einfach planlos durch die Gegend laufen. Sie wissen vorher wohl schon ziemlich genau, welchen Weg sie einzuschlagen gedenken. Auf diese Weise halten sie sich über das, was in ihrem Revier so alles los ist, auf dem Laufenden und wissen auch über Neuigkeiten ziemlich schnell Bescheid. Hat sich ein Rivale eingeschlichen? Ist der Geschlechtspartner noch vorhanden? Gibt es eine neue Futterquelle? Und während sie sich diese Informationen holen, frischen sie ihre Markierungen auf oder fügen neue hinzu (→ Urinmarken bezeichnen den Besitz, Seite 29).

Wie alt Füchse werden

In Gefangenschaft kann ein Fuchs so alt wie ein Hund werden – rund 14 Jahre. Das Leben in freier Wildbahn zeitigt schnellere »Verschleißerscheinungen«; dort bringt es ein Fuchs selten auf mehr als 7 Jahre. Wenn ihn nicht vorher der Mensch oder die Tollwut dahinraffen. Rund 60 Prozent aller Füchse dürften durch den Jäger umkommen. Von über 16.000 toten Tieren, die in Europa, Japan und den USA geschossen wurden, waren mehr als die Hälfte nicht einmal ein Jahr alt. Vor allem in den Industrieländern kann man davon ausgehen, daß ein Fuchs wenig älter als drei Jahre wird. Hier fordert auch der Straßenverkehr eine recht große Zahl an Opfern, hauptsächlich zur Abwanderungszeit der Jungfüchse.

Der Fuchs im Hühnerstall

Jeder Fuchs, ganz gleich, ob er nun zahm oder in freier Wildbahn aufgewachsen ist, bekommt in einem Hühnerstall sozusagen glänzende Augen. Denn da sitzt leckere Beute, säuberlich nebeneinander aufgereiht, so daß er quasi nur zuzugreifen braucht. Im allgemeinen ist er »manierlich« genug, sich mit einem Huhn zufrieden zu geben.

Immer wieder kommt es aber vor, daß ein Fuchs in einen Hühnerstall einbricht und dort ein Blutbad anrichtet. Ihm deswegen Lust am Töten zu unterstellen ist allerdings eine rein menschliche Beurteilungsweise. Im Stall flatternde Hühner scheinen auf den Fuchs einen unwiderstehlichen Beutereiz auszuüben (→Fotos auf Seite 80 und 81, die übrigens nicht gestellt sind!).

Für viele Tiere, zum Beispiel Bodenbrüter oder Junghasen, ist es vorteilhafter, sich erstmal ganz still zu verhalten, als durch Flucht einen Angriff zu provozieren und den kürzeren zu ziehen, weil das Raubtier ja doch schneller ist. Massentötung kommt also nur dort vor, wo das Geflügel in Panik gerät. Bleibt es hingegen ruhig sitzen, beißt der Fuchs in der Regel nur einmal zu.

Der Wildbiologe Hans Kruuk vertritt eine Theorie, die dem Fuchs eine weitaus komplexere Struktur zubilligt. Er entwickelte sie, als er das Beuteverhalten von Füchsen gegenüber Lachmöwen untersuchte. Diese Möwen bauen ihre Nester normalerweise auf Grasbüscheln im Sumpf und sind so durch das Wasser gegen Überfälle von Füchsen geschützt. In einer Kolonie wichen sie jedoch von diesem Muster ab und nisteten in den Dünen. Für gewöhnlich retteten sie sich vor dem Fuchs mit Davonfliegen. Aber immer im Frühjahr gab es ein paar Nächte, in denen der Fuchs sie massenweise totbiß.

Der Forscher beobachtete, daß es sich um sehr stürmische und dunkle Nächte handelte. Offensichtlich war es unter diesen Umständen für die tagaktiven Möwen ein größeres Risiko, im Flug zu verunfallen, als auf dem Nest sitzenzubleiben und eventuell vom Fuchs gefressen zu werden.

Der Fuchs indes sah sich einer Situation gegenüber, die unnormal war – von seiner Warte aus. Die Lachmöwen rührten sich nicht vom Fleck, und er als Opportunist (→Das Nahrungsangebot hängt von der Landschaft ab, Seite 45) ergriff die Gelegenheit. Ihr dem sonst üblichen Nistplatz angepaßtes Verhalten bezahlten die Vögel am falschen Platz mit dem Leben. Kruuks Beobachtung zufolge verfällt der Fuchs also nur deswegen in ein abnormes Verhalten, weil auch dasjenige seiner Beute von der Norm abweicht.

Kulturfolger Fuchs

Im Gegensatz zu anderen Tieren wirkte es sich für den Anpassungskünstler Fuchs günstig aus, daß der Mensch in den letzten Jahrhunderten die einstmals weitgehend bewaldete Landschaft Europas stark veränderte und auch viele Regionen in der Alpenwelt abwechslungsreich gestaltete. Auch wenn es bei einem so scheuen und einzelgängerisch lebenden Tier paradox klingt, es zog mit dem Menschen mit und wurde zum Kulturfolger.

Wie es früher war

In älteren Schriften ist oft vom »Moorfuchs« die Rede. Dies weist darauf hin, daß Füchse offenbar hauptsächlich in Moorgebieten erlegt wurden. Moorlandschaften gab es früher in reichlicher Zahl. Inmitten der großräumig geschlossenen Waldlandschaften waren sie die einzigen Regionen, die freien Raum boten. Hier kam die Sonne bis auf den Boden durch, hier war das Nahrungsangebot für den Fuchs zweifellos besser als im dunklen Wald. Es gab Beeren, Kleinnager huschten umher, und Hühnervögel, zum Beispiel das bei uns selten gewordene Birkhuhn, balzten, brüteten und zogen ihre Jungen auf.

Dann wurde der Mensch seßhaft und machte sich daran, für den Anbau seiner Feldfrüchte den Wald zu roden. Das Werkzeug dafür war noch denkbar einfach, und so wuchsen schnell wieder Feldgehölze hoch, welche der Landschaft ein abwechslungsreiches Gepräge gaben. Das Vieh wurde in den Wald auf die Weide getrieben und brachte dort seine Jungen zur Welt.

Der Fuchs dürfte von den Nach- und Totgeburten profitiert haben. Doch er war nicht allein auf der Suche nach Beute. Vor allem Wölfe machten ihm die Nahrung streitig, und dann war da noch der kräftige Luchs. An ihm lag es wohl in erster Linie, daß es in dieser Zeit bestimmt weit weniger Füchse gab als heute.

Die Folgen der Kulturlandschaft

Heute sind Wolf, Luchs und Bär in weiten Teilen Europas so gut wie ausgerottet. Dem Fuchs kam das zugute, von nun an konnte er ein fast konkurrenzloses Dasein fristen. Die Kulturlandschaft tut das ihrige dazu. Ist sie ökologisch vielseitig gestaltet, bietet sie ihm Nahrung in Hülle und Fülle. Diese sucht er sich fast ausschließlich außerhalb der Wälder in der Feldflur, wie man bei radiotelemetrischen Untersuchungen feststellen konnte (→Was Radiotelemetrie bedeutet, Seite 81). Alles, was Füchse so lieben, finden sie beim Durchstöbern von Feldern und Äckern, Wiesen und Gärten,

In den Vorstädten leben Hauskatze und Fuchs im allgemeinen friedlich nebeneinander.

Hecken, Gräben und Buschwerk an Waldrändern.

Für den Fuchs nicht unwichtig war dabei, daß auch Rebhühner und Feldhasen von der Umwandlung der Landschaft profitierten. An die offene Steppe angepaßt, fanden sie auf krautreichen Äckern und unter Hecken und Sträuchern mehr Deckung. Seit allerdings Riesenmaschinen die Böden großräumig planieren und intensiv bearbeiten, kommen diese beiden Tierarten immer mehr ins Hintertreffen. Die in der Ackerfurche geborenen Junghasen haben ebensowenig eine Chance davonzukommen wie die im Feld abgelegten Rebhuhneier. So wundert es nicht, daß Hase und Rebhuhn aus vielen Gebieten, die sie einst in großer Zahl bevölkerten, bereits gänzlich verschwunden sind. Bedauerlich, doch wenn man so will, eher für den Menschen. Denn in bäuerlichen Gegenden hält der Fuchs sich nun an das Federvieh. Es ist leicht zu erbeuten und macht eine hungrige Jungenschar auf einen Schlag satt.

In englischen Städten durchwühlen Füchse die Mülltonnen und suchen nach eßbaren Abfällen.

Vorteile, die der Fuchs wahrnimmt

Die Kulturlandschaft bietet aber noch weitere Vorteile. Der Bauer oder das Vieh hält die Wiesen kurz, was die Jagd auf Kleinnager erleichtert. Denn die Hauptbeute des Fuchses sind und bleiben die ans Grasland angepaßten Feldmäuse und die größeren Schermäuse. In den Wiesengebieten ist auch die Zahl der Regenwürmer, die bei feuchtem Wetter nachts an die Oberfläche kommen, am größten. Zudem stehen dort die meisten Obstbäume.

In den Wald zieht sich der Fuchs hauptsächlich zum Gebären seiner Jungen in Erdbauen zurück (→Der Bau wird nur zeitweilig benutzt, Seite 38). Wichtig ist ihm dort auch noch der dichte, für den Menschen undurchdringliche Jungwuchs, in dem er sich wunderbar verbergen kann. Im Sommer hingegen bietet das Halmenmeer der Getreidefelder die denkbar besten Tagesverstecke.

Manchmal stehen nur mehr wenige Erdbaue zur Verfügung, vor allem bei hoher Fuchsdichte. Dann können auch vom Menschen geschaffene Bauten als Unterschlupf

dienen. Unter Scheunen oder in trockenen Abwasserrohren hat schon mancher Fuchs mit Erfolg seine Jungen großgezogen.
Wie genau Füchse dabei zwischen Freund und Feind differenzieren können ist erstaunlich. Ich kenne ein Tier, das verbringt immer mal wieder seinen Tag im Geräteschuppen eines Privatgartens, der am Rande eines Dorfs liegt. Als Ruheplätzchen hat er sich auf dem Regal ein altes Autokissen auserkoren und macht es sich darauf bequem. Längst hat er gelernt, wie die Frau aussieht, die täglich in den Schuppen kommt, und, schlau wie er ist, weiß er natürlich auch, daß an diesem Ort einer ganz bestimmt nicht auftaucht: der Jäger. Und in Basel siedelte sich eine Fuchsfamilie im Naturgarten einer Schule an. Vom Klassenzimmer aus konnte man dem Treiben der Jungfüchse zuschauen, sehr zum Vergnügen von Lehrer und Schülern.

Füchse in der Stadt

Solche Schilderungen von Füchsen, die den Siedlungsbereich des Menschen aufsuchen, sind allerdings nichts gegen das Phänomen der Stadtfüchse in England. Da sie hier von der Tollwut bisher verschont geblieben sind, haben sich die Füchse in einer Weise vermehrt, daß ihnen gar nichts anderes übrig blieb. Und sie finden ein gar nicht so schlechtes Terrain vor.
In vielen Millionenstädten, wo die Häusermeere von großen Parks und Friedhofarealen unterbrochen sind und jedes der an der Straße gebauten Häuser sein Privatgärtchen hat, existieren die höchsten Fuchsdichten der Welt. Wissenschaftler errechneten, daß es in Bristol sage und schreibe 16 Füchse pro Quadratkilometer gibt, drei- bis viermal soviel wie die bisher höchsten Werte auf dem Kontinent. Ein weiterer Populationszuwachs ist nicht mehr möglich, Zu- und Abgänge halten sich infolge der hohen Konkurrenz unter den Tieren um Raum und Nahrung die Waage.
Bei der Bevölkerung sind die Füchse sehr populär und stoßen meist auf Sympathie. Viele Leute stellen Futter in den Garten, nicht für Hund und Katze – nein, allein für die Füchse. Mancher Tierfreund ist stolz auf seinen Fuchsbau im Garten und nimmt alljährlich an der Aufzucht der Jungen regen Anteil.
Zwar sind die Füchse auch dort ausschließlich im Schutze der Dunkelheit aktiv, aber dann zeigen viele keinerlei Angst vor den Hausbewohnern. Eine halbblinde Frau wußte nicht, daß das Tier, das wochenlang allabendlich um ihre Beine strich und dem sie den Pelz kraulte, keine Katze, sondern ein ausgewachsener Fuchs war. Ein Grund für die Eroberung der Städte ist die Tatsache, daß die Füchse hier nicht gejagt werden. Dennoch hat auch der Stadtfuchs keine hohe Lebenserwartung. Schuld ist der dichte Autoverkehr, der das Überqueren von Straßen zum risikoreichen Unterfangen werden läßt. So wundert es nicht, daß die meisten Füchse vor Erreichen des zweiten Lebensjahrs unter den Rädern eines Autos enden.
Seit auch in der Kulturlandschaft Mitteleuropas die Tollwut erfolgreich eingedämmt werden konnte, wachsen hierzulande die Fuchsbestände ebenfalls an. Die Jägerschaft sieht's mit Grausen; sie übersieht offenbar, daß es noch andere ökologische Faktoren gibt, die dem Fuchsbestand Grenzen setzen. Kein Lebewesen kann sich ins Unendliche vermehren.

Wenn in der Dunkelheit Licht auf die Augen des Fuchses fällt, leuchten sie wie Scheinwerfer auf.

In der Schweiz etwa, wo im letzten Jahr wieder über 30.000 Füchse erlegt wurden (die höchste Zahl seit 1968, bevor in den darauffolgenden Jahren Tollwutepidemien die Tiere heimsuchten), gibt es Zeichen dafür, daß der Fuchsbestand nicht mehr größer werden kann. Der Nachwuchs wird geringer, die Jungen sind mager und wachsen langsam heran. Dies bedeutet, daß Nahrung nicht mehr im Überfluß vorhanden ist.

Hat der Fuchs Feinde?

Abgesehen vom Menschen, der dem Fuchs am meisten zu schaffen macht, gibt es unter den Raubtieren einige, die in Konkurrenz zu ihm stehen. Das heißt, sie haben ähnliche Ansprüche an Lebensraum und Nahrung und sind dem Fuchs, salopp formuliert, nicht grün. Besser gesagt, sie waren es, denn die meisten sind aus unseren Regionen so gut wie verschwunden. Luchs, Wolf und Bär haben, solange sie hier lebten, den Fuchs verdrängt beziehungsweise dafür gesorgt, daß seinesgleichen sich nicht weiter ausbreiten konnte. Untersuchungen in Kanada zeigen jedoch, daß Füchse neben ihren »Todfeinden«, den Wölfen, sehr wohl ihr Dasein fristen können, vorausgesetzt, es ist genügend Raum vorhanden. Dort, wo Kojoten leben, siedeln sich hingegen keine Füchse an. Die beiden leben in zu starker Konkurrenz. Und unter den Greifvögeln gibt es nur den Steinadler, der imstande ist, einen ausgewachsenen Fuchs zu erlegen (→Foto, Seite 77).

Füchse beobachten und fotografieren

Der Fuchs ist ein fotogener Geselle; seine schöne Gestalt und der leuchtend rotbraune Pelz mit der weißen Unterseite machen ihn zu einem höchst attraktiven Objekt für die Kameralinse. Leider bekommt man ihn im Vergleich zu Reh oder Hase recht selten zu Gesicht und muß zum Beobachten, geschweige denn zum Fotografieren viel Zeit und noch mehr Geduld aufbringen. Seit Jahrhunderten stark bejagt, zeigt der Fuchs, zumal der ausgewachsene, eine große Scheu vor dem Menschen, ob Jäger oder Nichtjäger, das ist ganz gleich (→Auf zwei Beinen, Seite 74).

Den Fuchs kennenlernen

Um den scheuen Fuchs kennenzulernen, müssen Sie ihn ungestört beobachten können. Das Ziel ist ja, Einblick in sein heimliches Leben zu bekommen, möglichst viel von seinem interessanten Verhalten in der natürlichen Umwelt zu erfahren. Seien Sie aber nicht enttäuscht, wenn der Fuchs Sie trotz aller Vorsichtsmaßnahmen doch bemerkt und auf der Hacke umkehrt – und das viele, viele Male.

Jungfüchse am Bau hingegen sind noch unerfahren und im allgemeinen weniger scheu. Da werden Sie bessere Chancen haben. Wundern Sie sich nicht, wenn im gleichen Wurf neben richtigen Angsthasen auch sehr neugierige und zutrauliche Racker ihr (Un)-Wesen treiben.

Generell läßt sich sagen, daß Füchse Menschen in besiedelten Gebieten näher an sich heranlassen als in einsameren Regionen. Dort steht der betriebene Zeitaufwand in keinem Verhältnis zu den Beobachtungsresultaten.

Wie man sich gegenüber dem Fuchs verhält

Folgende Regeln sollten Sie einhalten, um die Tiere möglichst nicht zu stören. Erst dann werden Sie zu erlebnisreichen Beobachtungen kommen.

- Sich unauffällig machen.

Dies erreichen Sie, indem Sie sich einen ausgezeichnet getarnten Platz suchen und ruhig ansitzen. Beachten Sie dabei die Windrichtung, das heißt, Ihr Geruch darf nicht zum Tier hintragen werden. Den Fuchs anzupirschen ist hingegen meist von Mißerfolg gekrönt. Es müßte völlig geräuschlos und unter absoluter Deckung geschehen, was im Wald, etwa bei Annäherung an einen Bau, im trockenen Laub schlicht unmöglich ist.

- Dezente Kleidung tragen.

Entsprechende Hemden, Hosen, Jacken, Mäntel und Mützen mit tarnender Färbung und Musterung sind am besten in Jagdgeschäften zu haben.

Zwar dürfte der Fuchs weitgehend farbenblind sein, entscheidend jedoch ist, daß die Kleidung keine Kontraste zur Umgebung zeigt. Außerdem sollte sie weder rascheln oder knistern, etwa beim Heben des Fernglases ans Gesicht, noch glänzende Metallknöpfe aufweisen. Ziehen Sie sich auch Handschuhe an, da Hände hell und auffällig sind, besonders wenn sie sich bewegen.

- Geräusche und Bewegungen vermeiden.

Vor allem, solange der Fuchs sichert und aufmerksam ist, müssen Sie sich mäuschenstill verhalten. Erst wenn er den Blick abgewendet hat und mit etwas beschäftigt ist, können Sie es sich leisten, beispielsweise das Fernglas zu heben oder die Hand an die Kamera zu legen. Dies aber stets langsam, vorsichtig und völlig geräuschlos.

- Ein Tarnnetz benutzen.

Es ist leicht und preisgünstig und wird am Wald- oder Heckenrand an Zweigen befestigt oder zwischen zwei in den Boden gesteckten Stäben aufgespannt. Allerdings ist die Sicht durch das Netz, in welches Blattimitationen eingenäht sind, stark behindert. Zum bloßen Beobachten schaut man deshalb knapp über den oberen Netzrand.

Hinweis: Es versteht sich von selbst, daß man weder verschwitzt noch parfümiert zur Beobachtung schreitet. Auch das Rauchen sollte unterlassen werden.

Die Ausrüstung zum Beobachten

Fernglas: In der Dämmerung und im Wald leistet ein Glas mit hoher Dämmerungszahl (Dz) gute Dienste. Sie errechnet sich aus den auf dem Fernglas angegebenen Werten, die die Vergrößerungszahl und den Objektivdurchmesser in mm bezeichnen, und zwar so: Steht dort beispielsweise 8 x 40, dann ist die Dämmerungszahl 40 : 8 = 5x5 = 25. So vergrößert ein 10x40 Glas zwar etwas stärker, ist aber mit der Dämmerungszahl 16 auch etwas lichtschwächer.

Für unsere Zwecke hervorragend geeignet ist ein 8x56 Glas (Dz 49). Zwar ist es aufgrund des großen Objektivdurchmessers schwerer, voluminöser und, je nach Qualität und Marke, auch ziemlich teuer, liegt aber ruhiger in der Hand als ein leichtes.

Fernrohr: Durch ein Fernrohr oder Spektiv kann man nur mit einem Auge beobachten. Bei guten Marken lassen sich die Okulare austauschen, eine 20-fache Vergrößerung ist aber ausreichend. Stärker vergrößernde Okulare verschlechtern nicht nur die Bildqualität, sie sind auch lichtschwächer. Zoom-Okulare sind ebenfalls qualitativ nicht ganz so gut wie Festokulare, außerdem teurer. Auch bei ihnen läßt bei Verstellung auf höhere Vergrößerungsleistung die Bildhelligkeit stark nach.

Ein solch eindrucksvolles Fuchsgesicht vor die Kamera zu bekommen erfordert viel Geduld und Ausdauer.

Der Ansitz

Da Sie mitunter stundenlang unbeweglich dasitzen müssen, sollten Sie es sich möglichst bequem machen. Eingeschlafene Gliedmaßen können zur Qual werden.

Sitz: Geeignet, auch für den Transport, sind einbeinige Sitze, wie sie Jäger benutzen. Bequemer, aber umständlicher, sind Klappsessel, eventuell mit Lehne. Stuhlbeine, die in weichen Böden einsinken, müssen mit einem Brett oder ähnlichem unterlegt werden.

Ort: In der Feldflur sitzt man am besten am Wald- oder Heckenrand an. Für die Benutzung von Hochsitzen brauchen Sie die Zustimmung des jeweiligen Eigentümers (Auskunft beim zuständigen Forstamt).

Auf solchen Sitzen ist die Übersicht natürlich besser als am Boden und die Möglichkeit, daß der Fuchs Sie riecht oder sieht, geringer. Bei Unfällen wird allerdings keine Haftung übernommen.

Am Bau: Lehnen Sie sich in gebührendem Abstand an einen Baumstamm und zwar an einer Stelle mit bestmöglichem Überblick, was manchmal an ausgedehnten Bauen mit Hanglage nicht einfach ist. Die Tarnung mit einem Tarnnetz, zumal tagsüber, ist hier empfehlenswert.

Zwei Tage alt ist dieser Fuchswelpe.

Wann und wo Füchse beobachten?

Füchse kommen überall vor, am ehesten aber in der Kulturlandschaft, in der sich Felder und Wiesen mit Hecken und Wäldern abwechseln. Wo viele Menschen sind und Spaziergänger, Freilandsportler oder Hundehalter für Unruhe sorgen, sind Füchse weitgehend nachtaktiv. Dabei zählen zu ihren wichtigsten Jagdflächen Wiesen, da sie dort ihre Hauptnahrung, die Feldmäuse finden (→Allesfresser Fuchs, Seite 45).

Jagende Füchse: Die beste Zeit zur Beobachtung im Feld ist das Sommerhalbjahr, wenn die Nächte kurz sind und Reineke zur Dämmerungszeit, in ruhigen Gebieten manchmal auch bei Tag, unterwegs ist. Dabei ist der frühe Morgen günstiger als der Abend. Auch die Jungfüchse sind dann schon selbständig und tummeln sich auf den Wiesen, da sie bis zum Herbst im elterlichen Revier verbleiben. Übrigens sitzt der Jäger mehr am Abend als am frühen Morgen.

Paarungszeit: Um sie zu beobachten lohnt sich der Ansitz vor allem im Januar und Februar am Bau. Dann können im selben Bau mehrere um eine läufige Fähe buhlende Rüden stecken. Sie erkennen das leicht anhand der Spuren im Schnee, vor dem sich die Tiere selbst im Dunkeln auffällig abzeichnen. Tarnen Sie sich jetzt mit einem weißen Laken. Mit einem lichtstarken Fernglas haben Sie bei Vollmond und geschlossener Schneedecke hervorragende Sicht.

Jungfüchse am Bau: Die ergiebigste Zeit ist ab Mitte April bis Ende Mai. Im Juni ziehen die meisten Fuchsfamilien in der Kulturlandschaft in ein Getreidefeld um; dort sind sie wesentlich ungestörter (→Umzug im Sommer, Seite 26). Am besten sind Jungfüchse während der Abenddämmerung am Bau zu beobachten, bei schönem, windstillem Wetter auch über die Mittagszeit und am Nachmittag. In der Dunkelheit sollten Sie sich dort nicht mehr aufhalten, denn wenn der Altfuchs von der Jagd zurückkehrt und den Menschen bemerkt (was auf jeden Fall passiert), ist das Risiko des Vergrämens groß (Auszug der Fuchsfamilie). Sollte er noch dazu Warnschreie ausstoßen (→Lautsignale, die Kontakt stiften, Seite 30), gehen Sie am besten auffällig davon, das heißt laut sprechend oder singend. Dann weiß er, daß der Feind sich verzogen hat.

Fotografieren

Das Fotografieren von Wildtieren ist nur erfahrenen Tierfotografen zu empfehlen, die über das Verhalten der Füchse gegenüber den Menschen hinreichend Bescheid wissen. Der freilebende Fuchs ist aufgrund seiner großen Scheu außerordentlich schwierig vor die Kamera zu bekommen. Hinzu kommt, daß er von recht kleiner Statur ist und in der offenen Landschaft wenig auffällt (→Der Körperbau – ideal in den Proportionen, Seite 40). Das Hauptproblem indes ist seine vorwiegende Nachtaktivität. So ist es nicht verwunderlich, daß viele eindrucksvolle Fuchsfotos, auch in diesem

Das kleine Füchslein wurde vom großen Berner Sennenhund »adoptiert«.

Wie man ein Fuchstagebuch anlegt

Es kann ebenso reiz- wie sinnvoll sein, bei der Beobachtung von Füchsen ein Tagebuch zu führen. Da Sie den Tieren sowohl indirekt (Spuren, Markierungen), als auch direkt begegnen können, ist es hilfreich, zwischen beiden Beobachtungen zu trennen. Hier ein paar Tips, worauf es vor allem ankommt.

Bei Sichtbeobachtungen notieren:

- *Datum, Ort, Uhrzeit*
- *Wetter mit Temperatur (kalt/warm), Wind (windstill/leicht/stark), Himmel (klar/ bewölkt/ bedeckt)*
- *Alt- oder Jungfuchs*
- *Verhalten (Jagen, Spielen, Kämpfen, Werbung, Paarung usw.)*
- *Biotop (Wald, Feld usw.)*

Bei indirekten Beobachtungen notieren:

- *Spuren und Spurart (Gehen, Rennen)*
- *Spurverlauf bei Schnee*
- *Art, Anzahl und Ort der Markierungen (Harn, Kot)*
- *Beutereste (Federn, Knochen, Fell).*

Wenn Ihnen das Schreiben draußen im Feld zu umständlich ist – es ist dunkel, das Papier wird naß und schmutzig –, können Sie auch ein Diktiergerät benutzen. Leise sprechen, sonst vergrämen Sie den Fuchs. Geben Sie auch Störungen zu, beispielsweise wie der Fuchs auf Sie und Ihr Verhalten reagiert. Übrigens wird auf ein Diktiergerät meist mehr gesprochen als auf ein Blatt geschrieben. Beschränken Sie sich deshalb beim Übertrag auf das Wesentliche.

Bei der späteren Auswertung empfiehlt es sich, die Daten gleich tabellarisch zu ordnen. Eine Aussage über bestimmte Verhaltensweisen läßt sich jedoch erst nach einer Vielzahl entsprechender Beobachtungen machen.

Buch, von mehr oder weniger zahmen Tieren in Freilandgehegen stammen.

Eine Erfolgsgarantie für gute Fuchsbilder gibt es keinesfalls, auch mit der professionellsten Ausrüstung nicht. Immerhin kann man Glück haben, wenn man häufig an unterschiedlichen Orten ansitzt, sich richtig verhält und so einen Fuchs zum Fotografieren herankommen läßt. Drücken Sie aber erst ab, wenn das Tier irgend ein interessantes Verhalten zeigt oder sich in einem fotogenen Umfeld zeigt. Fotos von in die Kamera guckenden Tieren gibt es genug. Spielen, Kämpfen, Gähnen, Sich Kratzen und die breite Verhaltenspalette des Nahrungserwerbes ergeben interessante Fotodokumente.

Deshalb sollte der Anfänger Wildtiere zuerst in Wildparks zu fotografieren versuchen, um die Bildgestaltung am Tier zu üben und ausreichende Geschicklichkeit im Umgang mit der Fotoausrüstung zu erwerben. Allerdings sind auch in Wildparks lebende Füchse oft nachtaktiv und schlafen tagsüber irgendwo versteckt oder liegen eingerollt in einem Käfig, was einen recht langweiligen Anblick ergibt.

Nur harte Selbstkritik und der Vergleich mit Werken anderer Fotografen zeigen den eigenen Standard auf. Auch darüber sollten Sie sich im klaren sein.

Foto-Ausrüstung

Kamera: Die Kleinbild-Spiegelreflexkamera ist den Mittel- oder gar Großformatkameras vorzuziehen, da sie handlicher und geräuschärmer ist.

Teleobjektiv: 500 mm sind wenigstens notwendig, aufgrund der Scheu des Fuchses und seiner niedrigen Statur. Am Bau kann, je nachdem wie zutraulich die Jungfüchse sind, auch ein 300 mm Tele eingesetzt werden. Besonders vorteilhaft sind Zoom-Objektive, die es erlauben, den günstigsten Bildausschnitt ohne zeitraubenden Objektivwechsel zu wählen. Ihr Nachteil ist die geringe Lichtstärke, die bei Dämmerlicht die Scharfeinstellung im Sucher erschwert.

Lichtstärke: Sie muß wenigstens 4,5 betragen, um bei Dämmerlicht zu scharfen Bildern zu kommen.

Filme: Sie müssen hochempfindlich sein, 400 ASA bei Diafilmen, noch höhere bei Negativfilmen.

Hinweis: Beim Ansitz ist es vorteilhaft, Kamera und Tele auf ein Stativ zu montieren.

Blitzlicht: Da Fuchsbaue zumeist im Wald sind und im Mai das bereits gesprossene Laub Schatten wirft, muß gegebenenfalls mit Blitzlicht gearbeitet werden. Rasche Bewegungen, wie sie Jungfüchse im Spiel zeigen, bekommen Sie ohnehin nur damit gestochen scharf aufs Bild. Anspruchsvolle Fotografen stellen für eine gute Ausleuchtung mehrere Blitzgeräte auf. Allerdings sind Kabel für Jungfüchse ein hochattraktives Spielzeug. Sie müssen also auf Stäben ausreichend hoch über dem Boden verlegt werden.

Manche Fotografen benützen an der Kamera einen Blitz, dessen Reichweite mit lichtbündelnden Televorsätzen vergrößert wird. Sie sind dadurch flexibler, da der Blitz mit der Kamera mitbewegt wird. Er sollte allerdings einen guten Meter über der Kamera montiert sein, um eine allzu flache Beleuchtung des Tiers, insbesondere der blitzenden Augen, zu vermeiden.

Der Fuchs reagiert auf Blitzlicht nicht, dagegen auf das Klick der Kamera. Es stellt den Hauptstörfaktor dar, weswegen man möglichst geräuscharme Kameras verwenden sollte. Jungfüchse können sich allerdings erstaunlich schnell daran gewöhnen. Fotografieren Sie auf jeden Fall nicht, solange die Tiere vor dem Loch sichern. Sie sind dann besonders aufmerksam und schreckhaft. Beschäftigen sie sich hingegen mit der Nahrungssuche oder mit Spielen, sind sie abgelenkt und reagieren in der Regel weniger scheu.

Tarnnetz: Da Füchse ausgezeichnete Bewegungsseher sind, sollte die Kamera stets ganz vorsichtig geschwenkt werden und immer nur dann, wenn das Tier nicht sichert und gerade nicht den Blick zum Fotografen hingewendet hat. Eine sehr gute Hilfe ist ein Tarnnetz, im Feld eventuell ein Tarnzelt. Beides schränkt allerdings die Sicht ein (→Wie man sich dem Fuchs gegenüber verhält, Seite 86).

Schlußbemerkung

Der Anfänger wird bestrebt sein, den Fuchs immer möglichst groß ins Bild zu bekommen. Gelegenheit dazu wird er, zumal draußen im Feld, höchst selten bekommen. Der Fortgeschrittene hingegen wird feststellen, daß Bilder mit dem Tier in der Landschaft ebenso reizvoll sind.

Bis man es zu einigen Fuchsbildern gebracht hat, die scharf und in ihrer Aussage interessant oder stimmungsvoll sind, können Jahre vergehen. Die weitaus meisten Begegnungen werden nur kurz sein und darin bestehen, daß das Tier vor Ihnen flüchtet. Einen Fuchs längere Zeit bei gutem Licht in relativ naher Distanz mit der Kamera betrachten zu können ist eine absolute Seltenheit. Frustrationen und Enttäuschungen sind das tägliche Brot des Wildfotografen.

Der Jäger sieht den Wildfotografen ungern in seinem Revier – natürlich auch umgekehrt. Es ist also angebracht, den Wildhüter, Jagdaufseher oder die Jagdgesellschaft zu informieren, daß man da oder dort dem Fuchs einmal »auflauern« möchte. Vielleicht sind diese sogar bereit, dem Fotografen wertvolle Tips zu geben. Verbieten kann Ihnen jedoch niemand, Wildtiere zu beobachten und zu fotografieren, solange Sie umsichtig vorgehen, keine Veränderungen im Lebensraum vornehmen und das Wild nicht stören.

Im Winter kann der Naturfotograf auch bei Tage einem durch den Schnee schnürenden Fuchs begegnen.

Mehr wissen. Mehr sehen. Mehr erleben.

39,80 DM

34.- DM

34.- DM

Bestimmen, kennenlernen, schützen. Das ist das Konzept der neuen **GU Naturführer**. Erstklassige Farbfotos machen die GU Reihe auch für den versierten Kenner und Sammler attraktiv. Kompetente Autoren schreiben über ihr Fachgebiet. Jeder Band mit 160 bis 256 Seiten, mit 200 bis 400 Farbfotos und vielen Zeichnungen.

34.- DM

34,80 DM

34.- DM

34.- DM

Mehr draus machen. Mit GU. GU GRÄFE UND UNZER

Stand 6/92. Irrtum und Änderungen vorbehalten.

Bücher und Adressen

Bücher

Artois, M., Le Gall, A.: *Le Renard.* Hatier, Paris,1988.
Commichau, C., Sprankel, H. (Hrg.): *Fuchs-Symposium Koblenz 2.–3. März 1990.* Schriften des Arbeitskreises Wildbiologie an der Justus-Liebig-Universität Gießen e.V. Heft 20. Verlag J. Neumann-Neudamm, Melsungen, 1991.
Henry, J.D.: *Red Fox. The Catlike Canine.* Smithsonian Institution Press, Washington.D.C., 1986.
Labhardt, F.: *Der Rotfuchs.* Verlag Paul Parey, Hamburg und Berlin, 1990.
Macdonald, D.: *Running With The Fox.* Unwin Hyman, London, 1987.
Schnieper, C., Labhardt, F.: *Dem Fuchs auf der Spur.* Kinderbuchverlag Luzern, 1985.
Schumann, G.: *Mein Jahr mit den Füchsen.* Wartberg Verlag, Gudensberg-Gleichen.
Singer, D.: *Hase, Fuchs und Igel.* Kosmos Naturführer. Frankh'sche Verlagshandlung, Stuttgart, 1988.

Adressen

Die Adressen der Tierschutzvereine im deutschsprachigen Raum erfahren Sie **in Deutschland** über den Bund für Umwelt und Naturschutz Deutschland e.V. (BUND), Im Rheingarten 7, 5300 Bonn 3
in der Schweiz über den Schweizer Tierschutz, Birsfelderstr. 45, CH-4052 Basel
in Österreich über Wiener Tierschutzverein, Khleslplatz 6, A-1012 Wien.

Die Autoren:

Katrin Behrend, München, Journalistin, Ratgeber-Redakteurin und Autorin erfolgreicher GU Ratgeber.

Felix Labhardt, Bottmingen (Schweiz), Diplomzoologe, Lehrer, freischaffender Naturfotograf und Autor.

Die Fotografen:

Danegger: Seite U1, 2/3;
Jacana/Walker: Seite 23;
Labhardt, Alex: Seite U1 Klappe, U2 Klappe/ U2/Seite 1, 45 r.;
Labhardt, Felix: Seite: 4 l., 6/7, 8/9, 16/17, 18/19, 20/21, 24, 25 o., 25 u., 26, 27, 28, 29, 30, 32, 33, 36, 37, 40, 41, 44, 45 li., 48, 56, 57, 85, 88, 96/U3/U3 Klappe, U4 Klappe;
Laukel: Seite 52 u.;
Marek: Seite 77;
Reinhard: Seite 31, 89;
Rogl: Seite 80, 81;
SAVE/Cramm: Seite 53;
SAVE/Schulz: Seite 27 o.;
SAVE/Wothe: Seite 10/11;
Schumann: Seite 73, U4;
Silvestris/Dalton: Seite 84;
Silvestris/Danegger: Seite 14/15;
Silvestris/Kuch: Seite 76;
Silvestris/Lane: Seite 52 o.;
Silvestris/Rosing: Seite 49;
Silvestris/Thielscher: Seite 4 r.;
Wothe: Seite 12/13.

Wichtige Hinweise

Der Fuchs ist Hauptüberträger der Tollwut. Aber auch einige andere Krankheiten und Parasiten sind auf den Menschen übertragbar. Lesen Sie dazu unbedingt die auf den Seiten 48 bis 53 stehenden Informationen und Ratschläge. Wohnen Sie in einem Gebiet, wo Füchse vorkommen, lassen Sie Ihren Hund oder Ihre Katze nicht frei laufen, ohne sie vorher entsprechend schutzgeimpft zu haben. Zeigen sich bei Ihren Haustieren Krankheitszeichen, suchen Sie unbedingt einen Tierarzt auf. Gehen Sie im Zweifelsfall selbst zum Arzt und weisen Sie ihn darauf hin, daß bei Ihnen in der Nähe Füchse vorkommen. Tot aufgefundene Füchse sollten Sie vorsichtshalber mit Gummihandschuhen anfassen.

Die Deutsche Bibliothek – CIP-Einheitsaufnahme

Der Fuchs: den schlauen Fuchs kennenlernen, erleben und verstehen; Ratgeber: Füchse beobachten und fotografieren / Felix Labhardt; Katrin Behrend. – 1. Aufl. – München: Gräfe und Unzer, 1992 (GU-Tier-Erlebnisse)
ISBN 3-7742-1052-7
NE: Labhardt, Felix; Behrend, Katrin

1. Auflage 1992

Redaktionsleitung: Hans Scherz
Stellvertretende Redaktionsleitung: Renate Weinberger
Lektorat: Gerlinde Kirchgässer
Zeichnungen: György Jankovics
Produktion: Johannes Schmidt-Thomé
Gestaltung: Heinz Kraxenberger
Gesamtherstellung: BuchHaus.Kraxenberger. Gigler.GmbH
Reproduktion: Barthel Lithos
Druck und Bindung: Druckhaus Kaufmann, Lahr
ISBN 3-7742-1052-7